Mit Nagelstiefeln durchs Kaiserreich

Ludwig Thoma

Eine Biographie
von Peter Haage

C. Bertelsmann Verlag

Quellenverzeichnis am Schluß des Buches
Gesamtherstellung Mohndruck Reinhard Mohn OHG, Gütersloh
ISBN 3-570-05491-8 · Printed in Germany

1

Die längsten Münchner Telefonnummern bestehen aus vier Ziffern. Selbst vielbeschäftigte Leute haben Zeit, täglich zwei Stunden im Bräu oder im Café zu sitzen. Und der vielbeschäftigte Rechtsanwalt Dr. Ludwig Thoma macht da keine Ausnahme. Man schreibt das Jahr 1897.

Sein Lieblingslokal ist das *Café Heck* am Odeonsplatz, wo die Mitarbeiter der satirischen Zeitschrift *Simplicissimus* verkehren. Eines Tages darf er sich dazusetzen, denn es ist bekanntgeworden, daß er Kurzgeschichten verfaßt und einiges davon sogar schon untergebracht hat – in der *München-Augsburger Abendzeitung*. Den untersetzten und etwas linkischen jungen Mann treffen nachsichtige und amüsierte Blicke. Denn eigentlich paßt er nicht ganz in diese Umgebung. Ihm haftet etwas Kleinstädtisches an, das er nie ablegen wird.

Altväterischer Kneifer, dünner Schnauzbart, Mensurschmisse, er könnte soeben einer Witzseite des *Simplicissimus* entstiegen sein. Der leibhaftige Dünnbier-Philister.

Keiner ahnt, daß dieser Thoma schon bald zu einem vielgeschmähten, vielverfolgten Bürgerschreck werden und die »Verhöhnung des Philistertums« mit einer Schärfe betreiben wird, die nicht ihresgleichen hat.

Was er durch Wortkargheit oder Grobheit versteckt und was er äußerlich nur durch seine grazile Handschrift verrät, werden ganz wenige in ihm entdecken: daß er ein höchst komplizierter Nervenmensch ist.

Ein Zartbesaiteter. Einer, der gern über Mozart spricht. Ein leicht Verletzbarer, der sich in Hysterie und Jähzorn flüchtet. Ein Zerrissener, der vom einfachen Leben auf dem Lande träumt, aber die Großstadt nicht los wird. Ein Gefühlsmensch, der zeitlebens dem Zustand der vollsten Wurstigkeit zustrebt und ihn zeitlebens nicht erreicht.

Dieser merkwürdige Zeitgenosse sucht also Anschluß an die Leute vom *Simplicissimus*. Das tut er zunächst klugerweise als Zuhörer im *Café Heck*. Nur gelegentlich gibt er sich durch eine deftige Bemerkung als Bayer und Preußenfresser zu erkennen, was beifällig aufgenommen wird, denn der *Simpl* bewegt sich auf scharfem Anti-Berlin-Kurs.

Damit erklärt sich das Blatt jedoch nicht zur partikularistischen Bayernpostille, sondern zum Sprachrohr aller derer, die liberal denken in Deutschland. Denn in München darf man in diesen Jahren manches sagen, was in Berlin bestraft wird.

Unter dem kunstsinnigen Prinzregenten Luitpold hat die Bayernmetropole – mit knapp 500000 Einwohnern die viertgrößte deutsche Stadt – im Reich die geistige und künstlerische Führung in vielen kulturellen Bereichen übernommen und ist die von Stefan George und Thomas Mann gepriesene »Stadt der Jugend« geworden, die Stadt, die Klee, Kandinsky, Reger, die Brüder Mann, George, Wedekind, Rilke und viele andere anzieht.

Münchens jugendlichster Stadtteil ist, damals wie heute, das vielbedichtete Schwabing. Jetzt, im Jahr 1897, gehört es gerade erst seit sechs Jahren zu München und weist noch viele Spuren aus der Zeit auf, als es Fischer- und Milchbauerndorf war. Es gibt noch Viehmärkte und jedes Jahr eine Schwabinger Bauernkirchweih. Und die Leopoldstraße hat vor kurzem noch Schwabinger Landstraße geheißen.

Dort, in unmittelbarer Nähe der neugeschaffenen Kunstakademie, entwickelt sich nicht nur ein bedeutender Sammelplatz von Künstlern und Literaten, sondern auch der »geistige Gegenpol des wilhelminischen Berlin« oder – wie der Dichter René Prévot sagt – eine »kulturelle Experimentierstation«.

Der neue Geist dokumentiert sich in Programmschriften, Manifesten, Aufrufen, Zeitschriften, Theaterstücken, Karikaturen und Plakaten. Kaum vergeht ein Jahr, in dem keine neue Zeitschrift ins Leben gerufen wird.

Daß das alles keine Münchner oder süddeutsche Angelegenheit ist, beweist die Abwanderung Berliner Künstler und Schriftsteller in diese Stadt. Von zehn führenden Schwabingern sind neun Zugezogene. So bunt setzt sich auch der Simpl-Kreis zusammen. (Die besten bayrischen Bauern und Pfaffen zeichnet der Sachse Bruno Paul.)

Seit am 4. April 1896 das erste Heft dieses brisanten Witzblattes erschien, hat eine Reihe von behördlich angeordneten Verboten und Kürzungen sein Leben bedroht. Doch die Redaktion bleibt ihrem Namenspatron Simplicissimus treu. Simplicissimus, die berühmte Romanfigur aus dem Dreißigjährigen Krieg, sagt in großen und kleinen Weltbegebenheiten aus Dummheit die Wahrheit und stellt Fragen, die niemand stellt. Diesem Programm folgt das Münchner Blatt mit unverdrossener Beharrlichkeit.

Es stellt peinliche Fragen an Militärs, Pfarrer, Junker, Barone und Bürokraten. Und wenn es sich auch als »Kunst- und Kampfblatt ohne politische Tendenz« einführte, um möglichst viele Abonnenten zu werben, so kann damit nur gemeint sein, daß es wohl überparteilich, doch keineswegs unparteiisch ist.

Redakteur beim »Simplicissimus«

In Bayern bekämpft es die klerikale Zentrumspartei und in ganz Deutschland die preußische Reaktion, die Berliner Maulkörbe. Zum Zeichen dessen trägt die Titelseite ein zähnefletschendes rotes Hundevieh, den *Bulli*, als Wappentier.

Der *Simplicissimus* ist gegen alle vom Staat sanktionierte Inhumanität. Gegen angemaßte Autorität, den Militarismus und Kolonialismus, gegen Bürokratie und Klassenherrschaft, Korruption, Geldsackphilosophie, Bigotterie und Standesdünkel. Und er ist fast zwei Jahrzehnte lang – die meiste Zeit unter Thomas Führung – gegen die Gallionsfigur des damaligen Deutschlands, gegen Wilhelm II. Thoma betrachtet ihn gar als seinen persönlichen Feind.

Doch zunächst sieht es gar nicht so aus, als würde ihm diese Zeitschrift für seinen Feldzug zur Verfügung stehen. Denn Thoma verspielt eine große und frühe Chance.

Dabei läßt sich alles zunächst sehr gut an: Die Redaktion hat einige der Geschichten gedruckt, die er schrieb, als seine Kanzlei noch in Dachau war – als erstes die Geschichte vom dörflichen Freier, der die Mitgift-Verhandlung unterbricht, um seine Zukünftige auszuprobieren (Die Probier). Und der Verleger läßt verlauten, daß er den Autor gern kennenlernen möchte.

Thoma glaubt, es geschafft zu haben . . .

2

Albert Langen ist im Verlagsgeschäft ein argwöhnisch beobachteter Mann. Keiner vom Fach. Ein Neuling und Abenteurer.

Wie man in München munkelt, hat dieser leichtsinnige junge Mann, Sohn eines Kölner Zuckerfabrikanten, sein Erbe in Paris unter Künstler und leichte Mädchen gestreut und einige hunderttausend Mark bei Gemäldespekulationen verloren, bis ihm der Einfall kam, durch einen Verlag wieder zu Geld zu kommen.

Immerhin hat er während seiner lustigen Jahre in Paris die Dichter Prévost, Björnson, Hamsun und Strindberg kennengelernt und ihnen einige Manuskripte abgeschwatzt. So gestaltet sich der Start des jungen Unternehmens recht erfolgreich, obwohl nur ein kleines Anfangskapital zur Verfügung steht.

Trotz seiner prekären finanziellen Lage lebt Langen in der Leopoldstraße in seiner mondänen Wohnung das gewohnte Leben im großen Stil und gründet, noch nicht einmal aus dem Ärgsten heraus, seine kostspielige Zeitschrift *Simplicissimus*.

Glücklicherweise wird dieser tatenfrohe Mann nicht nur durch Risikofreude, sondern auch durch Spürsinn gelenkt. Und so erweist sich seine Neugründung schon bald als erfolgreich – als etwas, auf das man in Deutschland gewartet hat. Politik, Kunst und Literatur scharf glossiert, Karikatur als Kunst und Waffe. Damit schlägt er auch das fast gleichzeitig gestartete Konkurrenzblatt Jugend, das sich mehr literarisch gibt und ein neues Lebensgefühl vermitteln will.

Dennoch, der Anfang ist hart. Vom ersten Heft lassen sich 1500 Exemplare verkaufen. Langen hatte optimistisch 480000 drucken lassen.

Ein vielbelächelter Beginn. Bald jedoch wird er die alteingesessenen Verleger das Staunen lehren. Langen ist der erste, der seinen Büchern farbige Umschläge gibt. Auch die

Titelbilder des Simpl sind farbig, was damals ganz ungewöhnlich ist.

Ungewöhnlich ist auch, daß er die Honorare nicht erst bei Erscheinen eines Beitrags zahlt, sondern schon bei der Ablieferung, und daß diese Honorare ganz besonders gut sind.

Denn seine Devise lautet: »Gute Honorare sind die Grundlage guter Kunst«.

Kein Wunder, daß ihn seine Konkurrenten für nicht ganz seriös halten.

Nun sitzen sie sich also gegenüber – der schlanke und elegante Weltmann Albert Langen mit dem kurzgeschnittenen Backenbart à la Toulouse-Lautrec und der stämmige Thoma, der, durch die elegante Umgebung etwas befangen, mehr Schroffheit herauskehrt, als Langen gefallen kann.

Dieser weiß mit dem wortkargen Bewerber nichts Rechtes anzufangen und verfällt, zum Monologisieren gezwungen, in eine Art Verhör, was Thoma nur noch pelziger macht. So bekommen beide einen sehr falschen Eindruck voneinander: Thoma hält Langen für arrogant und herablassend, und Langen hält Thoma für einen gehemmten eingebildeten Provinzschriftsteller, für einen ziemlich beschränkten Kopf.

Dabei fühlt sich dieser nur ein wenig von der souveränen Jovialität des schöngeistigen, kunstsinnigen Playboys abgestoßen, während der muntere Rheinländer gewohnt ist, seine Liebenswürdigkeit und ehrliche Herzlichkeit im *Gespräch* zu entfalten. Aber dazu kommt es nicht. Und so gehen die beiden – von der Begegnung einigermaßen enttäuscht – wieder für längere Zeit getrennte Wege.

Thoma bleibt trotz des kühlen Abschieds mit dem *Sim-*

plicissimus in Verbindung, das ergibt sich schon durch die regelmäßigen Begegnungen mit den *Simpl*-Zeichnern, -Textern und -Redakteuren im *Café Heck*. Er bringt weitere Geschichten aus seiner Dachauer Anwaltszeit unter und liefert schließlich erste satirische, mehr jounalistische Beiträge.

Besonders protegieren ihn der Redakteur Korfiz Holm und der Zeichner Bruno Paul, die auf seine Geschichten aufmerksam geworden waren und auch die Begegnung mit Langen herbeiführten. Paul zeichnete die Illustrationen zur *Agricola* betitelten Buchausgabe der *Dachauer Geschichten*.

So sieht es denn aus, als sollte Thoma zeitlebens seine ungeliebte Praxis weiterführen und als Gelegenheitsautor *Simpl*-Beiträge nach Feierabend verfassen.

Das Blatt wendet sich, als Thoma im Herbst 1898 an einem der traditionellen Nachmittage im *Café Heck* einen Entwurf für eine bissige *Simpl*-Zeichnung und den Text eines nicht weniger bissigen Gedichts zu sehen bekommt und einen folgenreichen Konflikt vorausahnt.

Zeichnung und Strophen beziehen sich auf die berüchtigte Palästina-Reise Wilhelms II., die dieser mit der Absicht motiviert, an heiligen Stätten beten zu wollen. Die Männer, die ihn begleiten – Bankiers, Techniker und Geologen –, haben den Kaiser jedoch aus wesentlich schlichteren Motiven zu dieser Fahrt animiert. Sie wünschen eine Eisenbahnlinie Berlin–Bagdad und wollen die gewaltigen Ölvorkommen am Persischen Golf ausbeuten, die damals gerade erst entdeckt sind.

Die Verhandlungen enden erfolgreich für die deutsche Delegation: Sultan Abdul Hamid, Beherrscher des Großtürkischen Reiches, das weite Teile Arabiens beherrscht, erteilt die auch von anderen europäischen Mächten heiß umkämpften Bau- und Bohrrechte und läßt sich darüber hinaus die Beteuerungen des deutschen Kaisers gefallen, er werde der Beschützer des islamischen Weltreichs sein.

Die sehr materialistischen Absichten, die zu dieser Pilgerfahrt führen, sind der *Simpl*-Redaktion jedoch unbekannt. Sie glaubt, die Show diene wieder einmal Wilhelms grotesken Weltmachtträumen, seinem Repräsentationsbedürfnis, seiner Theaterleidenschaft.

So hat man sich für eine Zeichnung entschieden, die den Kaiser mit dem Geist Barbarossas in Jerusalem zeigt. Die Textzeile lautet: »Lach nicht so dreckig, Barbarossa! Unsere Kreuzzüge hatten doch eigentlich auch keinen Zweck.«

Die Zeichnung stammt von Th. Th. Heine, dem wichtigsten Zeichner des *Simplicissimus*. Erst als Heine seine Mitarbeit zusagte, hatte Langen die Gründung der Zeitschrift gewagt. So wird sich Heine einmal mit Recht als Mitbegründer bezeichnen. In nächtelangen Gesprächen hatten Langen und er die Konzeption erarbeitet. In fast allen Redaktionssitzungen ist er der Wortführer.

Er ist unbestechlich, fleißig, ideenreich, unversöhnlich kritisch, kompromißlos und sachlich bis zur Rücksichtslosigkeit. Taktfragen kümmern ihn nicht. So wirkt er oft verletzend, wo er nur sachlich sein will. Auch seinen Mitstreitern tut er mitunter weh.

Wenn er auch nicht sehr beliebt ist – er hat meistens recht. Seine Argumente für und gegen einen Beitrag stützen sich auf umfassende Information, sein moralisches Engagement und sein Sinn für die entlarvende Pointe sind unübertroffen. Und noch etwas läßt ihn den übrigen *Simpl*-Karikaturisten überlegen sein: Er ist nicht auf die Ideen von Autoren und Redakteuren angewiesen, sondern zeichnet fast ausschließlich eigene. Er textet sie auch.

Er ist so alt wie Thoma. Mit zwanzig ist er nach München gekommen, ein Wahlmünchner aus Leipzig, ausgebildet an der Düsseldorfer Akademie, zuerst Mitarbeiter an den Münchner *Fliegenden Blättern*, für die auch Wilhelm Busch arbeitete, dann sehr bald von Langen entdeckt, für dessen Verlag er eine Reihe von Buchumschlägen entwarf.

In diesem Jahr 1898 ist es ihm bereits gelungen, mit eisernem Fleiß sich an die Spitze der deutschen Karikaturisten vorzuarbeiten. Seine *Bilder aus dem Familienleben* (1896–1909) gehören zum festen Bestand fast jeder *Simpl*-Nummer und haben sich, zum Entzücken vieler Leser, zu einem berühmten, bekämpften und geschätzten Ärgernis entwickelt.

Das Gedicht, welches Thoma an diesem Nachmittag im *Café Heck* noch vor der Veröffentlichung zu lesen bekommt, ist mit Hieronymus Jobs gezeichnet. Kenner wissen, daß sich hinter diesem Pseudonym der von Zensurverboten und Skandalen begleitete Dramatiker und Lyriker Frank Wedekind verbirgt.

Der düstere Hannoveraner kleidet sich gern in dämonisches Schwarz und gilt in seiner festverschworenen Anhängerschaft als *Satanist*. Seine Dramen, aus denen der rasende Haß des verfolgten Künstlers gegen die als kriminell empfundene bürgerliche Gesellschaft spricht, sind aktenkundig und dürfen zumeist nur in privaten Zirkeln aufgeführt werden. Seine Bänkellieder singt er in verräucherten Schwabinger Lokalen und begleitet sich dabei auf der Gitarre.

Langen betet ihn an, verlegt ein Wedekind-Buch um das andere, obwohl er damit seit Jahren große Verluste macht, und glaubt fest an die Zukunft des griesgrämigen Revolutionärs. Dennoch wird er von seinem umworbenen Autor sehr schlecht behandelt: Wedekind bezeichnet ihn öffentlich als Ausbeuter und Kuppler (letzteres in einem Theaterstück) und liefert ihm heftige Szenen bei jeder neuen Honorarverhandlung.

Die Umstände werden es mit sich bringen, daß man Wedekind und (den drei Jahre jüngeren) Thoma miteinander vergleicht: beide schreiben satirische Gedichte und haben ziemlich viele Abneigungen gemeinsam, vor allem die gegen Spießbürger, Leutnants und Pfaffen; auch Thoma wird sehr bald grimmige Komödien schreiben und als *Bürgerschreck* gelten, vor allem bei den Sittlichkeitsvereinen.

Dennoch unterscheiden sie sich in Lebensführung und Lebensphilosophie sehr entschieden. Thoma nennt ihn abfällig *das Genie* und wird ihn in der Rückschau als *Moralist mit negativem Vorzeichen* einordnen. Wedekinds Ehrgeiz, sich um jeden Preis möglichst verrucht zu geben, sich selbst zu inszenieren und sich wie seine Bühnengestalten zu geben, sind ihm zuwider.

»Ich . . . bin überzeugt, daß, wer sich solche Mühe gibt, in Wort und Wandel den nun einmal festgesetzten Regeln der Gesellschaft ins Gesicht zu schlagen und damit den Bürger zu erschrecken, selbst noch mit einem Fuß im Philistertum stecken muß.«

Nach Wedekinds Tod wird Thoma freilich zugeben: »Ich weiß, welch leidenschaftlicher, zuweilen verrannter Ernst trotz dem skurrilen Komödiantentum, in dem er sich gar oft gefiel, ihm Herz und Geist beflügelte. Und um die neue Wege weisende Genialität besonders seiner frühen Werke abzuleugnen, müßte einer wohl ein geistverlassener Banause sein.«

Doch wir schreiben erst das Jahr 1898, und da ist Thoma noch weit davon entfernt, über diesen *Hanswurst*, wie er ihn gelegentlich tituliert, ein anerkennendes Wort zu finden, obwohl das Gedicht so übel nicht ist. Thoma rät dringend von der Veröffentlichung ab. Er hält es für gefährlich und schließt sich damit, wie ihm berichtet wird, unbeabsichtigt der Meinung Albert Langens an, der eine Milderung bedenklicher Stellen durchgesetzt hat.

Auch in der neuen Form, so fürchtet Thoma, werden die Verse zu einer Beschlagnahme des *Simplicissimus* führen, denn sie enthalten neben einer süffisanten Interpretation der Brimbramborium-Reise Wilhelms II. auch den Vorwurf, Seine Majestät fliehe vor ungelösten innenpolitischen Aufgaben.

Thomas juristischer Kommentar wird von Langen nicht ernst genommen, und so erscheint dann das heißdiskutierte Gedicht in Heft 31 des 3. Jahrgangs und bewirkt genau das, was Thoma prophezeit hat.

Den Schlag führt die Leipziger Staatsanwaltschaft, da der *Simpl* in Leipzig gedruckt wird und Leipzig somit als Tatort gilt. Außer der Palästina-Nummer wird vorsorglich auch gleich noch das darauf folgende Heft Nr. 32 beschlagnahmt.

Indessen hat die Leipziger Staatsanwaltschaft auch schon die Voruntersuchung gegen Lange, Heine, Hieronymus Jobs eingeleitet. Die Münchner Polizei hat sich ahnungslos gestellt und den Namen Wedekind nicht preisgegeben. Aber das feuert den Eifer der Leipziger Kollegen nur noch mehr an. Staat und Polizei benehmen sich genauso, wie im *Simplicissimus* immer geschildert.

Von Rechts wegen ist die Untersuchung der Redaktionsräume Aufgabe der Münchner Polizei. Dr. Mittelstaedt, der leitende sächsische Ermittlungsbeamte, umgeht dieses Gesetz jedoch und inszeniert einen Überfall auf die *Simpl*-Redaktion, bei dem erhebliche Verwüstungen entstehen.

Wer ist Hieronymus Jobs? will Dr. Mittelstaedt wissen. Langen zuckt die Achseln, er wisse es nicht. Mittelstaedt wünscht ein Manuskript des Herrn Jobs, um die Handschrift untersuchen zu lassen. Daraufhin behauptet Langen, Manuskripte würden nicht aufgehoben, nur die Seiten-Layouts blieben, heftweise gesammelt, noch für einige Zeit in der Redaktion.

Als er zum Beweis so eine Layout-Sammlung vom Regal nehmen will, erwischt er ausgerechnet die gesammelten Manuskripte der Palästina-Nummer und läßt sie vor Schreck zu Boden gleiten. So weht dem Leipziger Kommissar Wedekinds Gedicht genau in die Arme.

Am nächsten Tag finden Langen und Th. Th. Heine gerichtliche Vorladungen in der Post. Langen fährt sofort zu seinem Anwalt und muß sich raten lassen, Deutschland auf dem schnellsten Wege zu verlassen.

Langen hat keine Wahl: um seinen Verlag weiterführen zu können, muß er frei sein. Er übergibt die Redaktionsgeschäfte seinem Redakteur Korfiz Holm, ordnet seine Angelegenheiten und fährt mit dem nächsten Zug nach Zürich.

Mittlerweile steht Wedekind kurz vor seiner Entdekkung. Doch weigert er sich zu fliehen. Die Premiere seines

Theaterstücks *Erdgeist* steht bevor. Da kann ein kleiner Skandal nur nützlich sein, und so ist er fest entschlossen zu bleiben, auch wenn ihm der juristische Berater des Verlags die Gefahr, in der er schwebt, so drastisch wie möglich ausmalt. Er bleibt und präsentiert sich im Hoftheater.

Auch Thoma ist unter den Premierenbesuchern. Er erlebt ein halb durchgefallenes, halb gefeiertes Stück und einen ungerührten Wedekind, der sich bei der anschließenden Feier im Hotel *Vier Jahreszeiten* ärgerlich bereit erklärt, es seinem Verleger nachzutun und zu fliehen. Holm sammelt bei den Festgästen und kann ihm zweihundert Mark Reisegeld in die Hand drücken.

Th. Th. Heine ist der Mann, der am wenigsten glaubt, für seine Freiheit fürchten zu müssen. Er fährt nach Leipzig zur Vernehmung und wird vom sächsischen Gericht, in der Annahme, hier müsse ein preußisches Übersoll geleistet werden, zu sechs Monaten Festungshaft verurteilt, da man ihn zunächst auch für den Verfasser des Gedichts hält.

Am 2. November tritt er seine Strafe im Alten Zeughaus auf der Festung Königstein an und erlebt dort Dinge, die seine im *Simpl* geschulte Phantasie noch weit übersteigen. In diesen harten Wochen entwirft er den Zyklus *Durchs dunkelste Deutschland*.

Bei seiner Entlassung begegnet er Wedekind, der gerade eingeliefert wird. Um wieder in Deutschland leben und arbeiten zu können, hat er sich freiwillig gestellt. Wieder einmal fühlt er sich von Langen verraten und schiebt vor Gericht alle Schuld auf seinen Verleger. Er, Wedekind, habe das Gedicht nur aus Hunger gemacht. Er, Wedekind, sei vor Gericht erschienen, um sich mit Deutschland und seinem Kaiser zu versöhnen.

Thoma wird diese wenig ehrenvolle Haltung fast zehn Jahre später mit einem Kurzdrama im *Simplicissimus* karikieren: »Der Satanist. Zwei Szenen von Peter Schlemihl . . . Die Handlung spielt in einem Leipziger Gerichtssaal . . .

Franz Wedelgrind: Eigentlich bin ich heimlicher Royalist.

Erster Richter: Wieso heimlich? Wer kann Sie hindern, das öffentlich zu sein?

Franz Wedelgrind: Mein Hunger und mein Verleger.«

Ungewollt bewirken die Leipziger Richter, daß dem *Simplicissimus* in ganz Deutschland eine Welle der Sympathie entgegenschlägt. Auch die Leute, die dieses Blatt nicht besonders schätzen oder auch ablehnen, verurteilen das skandalöse Vorgehen der Behörden und wünschen dem *Simpl-Bulli* ein langes Leben. Die Auflage klettert von 55 000 auf 85 000 Exemplare. Und sie wird weiterklettern, denn die Affäre zieht immer weitere Kreise. Das von den Leipzigern blamierte bayerische Justizministerium muß peinliche Anfragen überstehen, im Landtag entbrennen hitzige Debatten darüber, wie es zu diesen Vorfällen kommen konnte.

Dennoch, das Blatt ist durch diese unverhoffte Publicity noch nicht »über den Berg«. Es steckt in großen Sorgen. Noch immer kostet es seinen Verleger mehr, als es bringt. Es wird noch einige Prozesse brauchen, dazu eine Erhöhung des Verkaufspreises, um aus den roten Zahlen zu tauchen.

Die zweite große Sorge an der Jahreswende 1898/1899: Wer ersetzt Wedekind? Wedekind ist bis zu seiner Flucht der wichtigste »Wochensatiriker« der Zeitschrift gewesen und wird schwer zu vertreten sein. Holm versucht es, muß sich aber eingestehen, daß es ihm an Temperament und Schärfe fehlt.

So versucht man es halt mit Thoma. Dieser, eifersüchtig auf die Sonderrolle, die Wedekind spielen durfte, und fest entschlossen, seinen Preis in dieser Zwangslage in die Höhe zu treiben, ziert sich noch ein wenig, ehe er zusagt, die Lücke auszufüllen.

Daß er Journalist von Geblüt ist und über Nacht eine Polemik oder ein bissiges Gedicht zum »Thema des Tages« machen kann, hat er schon im vergangenen Jahr mehrfach bewiesen, zum ersten Mal mit *Amalia Mettenleiter*, einer Satire auf die Frauenbewegung. Ab 1899 unterschreibt er seine Beiträge mit dem Pseudonym *Peter Schlemihl.* Er nennt sich also nach der märchenhaften Figur, die ihren Schatten für Geld verkaufte. Viele Deutungen sind möglich: Will er sagen, daß er als Dr. Ludwig Thoma körperlich anwesend ist, als *Peter Schlemihl* aber – mit Rücksicht auf seine Kanzlei und seine Klienten – ein Geisterwesen, also körperlos ist? Spielt er auf die ganz alte Bedeutung des Namens *Schlemihl* an? Die besagt soviel wie plumper, ungeschickter Mensch. (Seine *Schlemihl*-Gedichte, mit denen er anstößt und Anstoß erregt, gibt er jedenfalls unter dem Titel *Grobheiten* heraus.)

Was er sich dabei auch gedacht haben mag – der Name *Peter Schlemihl* wird zu einem Gütesiegel. Erstmals gibt er es seiner *Jubelhymne zum Haager Friedenskongreß* bei, einer Grobheit zum Thema Diplomatengeschwätz.

Nach einem halben Jahr weiß die Redaktion: Der ist schärfer als Wedekind. Langen zahlt ein Fixum.

Albert Langen

3

Wedekinds Wochengedichte waren Höllengelächter, so grausig mitunter wie das Höllengelächter, das er gelegentlich in heiterer Gesellschaft anzustimmen pflegte. Thoma hingegen ist nicht weniger grimmig, aber hemdsärmliger. Er hat ein gutes Auge, ein gutes Ohr und nimmt die, die er angreift, beim Wort.

In der Formulierung seiner Strophen gibt er sich viel Mühe, den Sprechton zu treffen, sowenig »literarisch« wie nur möglich zu sein.

Er ist nicht weniger verletzbar als Wedekind und schon gar nicht weniger streitlustig, doch hat er das Verletzungen-Abwehren, Verletzungen-Austeilen und das Streiten als Jurist besser studiert als der Schriftsteller und ehemalige Reklamechef Frank Wedekind. Seine Empörung hat zudem weniger Scheuklappen, ist weniger auf die eigene Person beschränkt. Er legt sich gern an, macht sich gern zum Anwalt, deckt auf, vergleicht und greift an, auf eine Weise allerdings, die ihm in keinem Gerichtssaal erlaubt wäre.

Dazu verfügt er, dank des jahrelangen tagtäglichen Umgangs mit Menschen aller Schichten und Temperamente, über eine profunde Menschenkenntnis. Seiner Überzeugung nach kann diese Wissenschaft niemand besser beherrschen als der Rechtsanwalt, Ärzte und Richter nicht ausgenommen. »Ich glaube«, schreibt er einmal, »daß hierin höchstens die anderen Beichtväter, die Pfarrer, mit uns konkurrieren können. Die sind allerdings auch fein heraus. Und oft wünsche ich mir, wenn auch nur einmal, den Gewissensdruck eines Hirschledernen im Beichtstuhl anhören zu dürfen. Es wäre eine sehr gute Ergänzung für die psychologische Beurteilung.«

Es fällt Thoma nicht schwer, sich mit dem ganzen großen Themenkreis des *Simpl* zu identifizieren, doch liegt ihm selbstverständlich das Thema »Justiz in Deutschland« ganz besonders nahe, im weitesten Sinne das Thema: »Machtmißbrauch und Untertanengeist«.

Er weiß, wovon er schreibt, wenn er das Porträt eines strebsamen Zensurbeamten zeichnet; es ist eine Studie aus jener Welt, die er während seiner Referendarzeit kennengelernt hat, aus einer Welt, von der er sich von Anfang an distanziert hat, auch wenn sie ihm als Studienobjekt diente:

ASSESSORCHEN

Ein Bezirksassessorchen, nicht wahr?
schreibt mit krummen Fingern das ganze Jahr;
sein Horizöntchen – na ja, ihr wißt,
wie ein Assessorhorizöntchen ist.
Zuerst der Komment, dann Examensnot,
dann die Sorge um das tägliche Brot,
die eigene Meinung bänglich versteckt
und immer korrekt – und immer korrekt.
Ein bißchen Angst und ein bißchen Schiß
vor jedem Karrierehindernis.
Sich kümmerlich kümmern den ganzen Tag,
ob der Vorgesetzte ihn leiden mag
und ob er ihn endlich qualifiziert,
daß Assessorchen ein Amtmännchen wird!
Da habt ihr so ziemlich den ganzen Salat
gemischten Inhalts im kleinen Gehirn
hinter der hohen Assessorstirn.

Doch wenn ihr glaubt, so ein Herrchen wird
nur für den spätern Dienst präpariert
und hat ein Ämtchen von kleinem Gewicht,
Ihr Herrn, da irrt ihr, so ist es nicht.
Trotz Horizöntchen – ei hört doch nur!
Assessorchen hat die Pressezensur!
Beschnüffelt, verbietet und konfisziert,
bestimmt höchstselbst, was gelesen wird,
bewacht als treuer Gewissensrat
Gesellschaft, Kirche und unsern Staat.
Ja, ja, ihr Leute! Und wenn euch bangt,
daß sein Gehirnchen dafür nicht langt,
so sollt ihr denken: »Dem Vaterland
ist wenig geholfen mit viel Verstand,
gesinnungstüchtig, so voll und ganz,
ist immer nur eines – die Ignoranz.«

Ein weiteres Grundthema, das ihn all die Jahre hindurch erregen wird, ist die »Knechtseligkeit des deutschen Spießbürgers«: »Wo sind die Sitten? Wo die guten Zeiten, / da ganz submissest jedermann erstarb? / Im tiefsten Kote vor den Fürstlichkeiten / devotest bittend um ein Grüßchen warb? / Für hohe Gnaden ist man nicht mehr reif, / Und die Kanallje hält den Nacken steif. (Hilfe!)«

Ungezählte Verse gehen auf dieses Thema los, ohne daß sich Thoma einreden kann, er habe eine sichtbare Besserung im Kopf des Spießbürgers bewirkt.

Über allen Thoma-Schlemihl-Themen aber steht die gehaßte Figur Wilhelms II., den er als Verkörperung alles dessen attackiert, was er am gegenwärtigen Deutschland bekämpft. »Den unermüdlichen Kampf gegen die Person und das System« hat er sich zur Aufgabe gemacht. Er will anprangern, »daß der Friedenskaiser durch seine haltlose Schwäche, gleichermaßen wie durch sein eitles Tändeln mit Weltmachtideen, Reich und Volk gefährdet«.

Die »tödliche Lächerlichkeit des Systems« will er rechtzeitig, ehe Schlimmeres geschieht, bloßstellen und nicht nur das politische Abenteurertum dieses Regimes enthüllen, sondern auch jedes kaiserliche Attentat auf die Geistesfreiheit anzeigen. So schreibt er über die Kulturpolitik des »größten Kitschbruders«, der je gelebt hat:

. . . Die deutsche Kunst zog aus dem Märchenwald
und kam nach Norden zu den Schnurrbarthelden,
wo alle Wochen eine Rede knallt.
Sie geht zu Hofe mit geschminkten Wangen,
wo sie verlogne Schmeichelworte sagt,
in einer Laune gnädiglich empfangen,
in einer Laune wieder fortgejagt.

(Die deutsche Kunst)

An Langen schreibt er dazu: »Das Thema ist überhaupt nicht zu erschöpfen . . .«

Dennoch geht Thoma immer zuerst auf die Politik los; die Kulturkritik spielt eine untergeordnete, wenn auch wichtige Rolle. Schon bald läßt sich feststellen, daß die vorwiegend literarisch gestartete Zeitschrift unter Thomas Einfluß politischer geworden ist. Er investiert seine ganze Kraft in das Blatt und gibt noch im selben Jahr seine Praxis auf.

Langen gegenüber motiviert er seinen Entschluß so: »Ich habe mich entschlossen, zwei bis drei Jahre in Urlaub zu gehen und die Stichprobe mit der Schriftstellerei zu machen. Die Welt wird so süß; ich will etwas Sauerteig hineinbringen und meinen lieben Mitmenschen zeigen, wie spießig sie an der Neige des Jahrhunderts stehen. Bringe ich es nicht zusammen, bon! Dann werde ich selber Spieß, verschwöre das Dichten und suche mein Heil wiederum darin, den unwissenden Landleuten die Hosen aufzuknöpfen.

Nach dieser Einleitung eile ich zum Schlusse. Haben Sie noch die Absicht, mit mir einen Kontrakt, sagen wir auf ein oder zwei Jahre abzuschließen, so bitte ich Sie, mir das mitzuteilen. Ich brauche mich nicht selbst anzupreisen. Meine schriftstellerische Qualität kennen Sie. Im Zustande vollkommener Freiheit hoffe ich, erheblich produktiver zu werden . . . Ich selber hätte Freude daran, gerade im Simplicissimus die Sporen zu verdienen. Alles in allem glaube ich sagen zu dürfen, daß Sie Ihre Zusage nicht bereuen würden.«

Langen wird dem nie widersprechen. Doch weiß er sofort, daß er sich nicht nur einen guten, sondern auch einen sehr schwierigen Mitarbeiter eingehandelt hat.

Am 8. April 1900 kann Thoma seiner Verwandtschaft die stolze Mitteilung machen: »Ich habe auf Ersuchen des Verlegers die Leitung des Simplicissimus übernommen.«

Seit März leitet er gemeinsam mit Reinhold Geheeb die Redaktionsgeschäfte. Mit dem braven, rundlichen, auf Ausgleich bedachten und sehr fleißigen Geheeb wird er verbunden bleiben, solange er mit dem *Simpl* verbunden bleibt, also fast genau zwanzig Jahre. Dieser ermöglicht es ihm, vor allem mit der Feder für das Blatt tätig zu sein, und hält ihm lästige Verwaltungsarbeit vom Leibe.

Einen streng organisierten Redaktionsbetrieb mit festen

Thoma als Chefredakteur beim »Simplicissimus«

Dienststunden gibt es ohnehin nicht. Man trifft sich nach Lust und Laune, um Themen zu besprechen, Entwürfe zu begutachten und die Hauptarbeiten für kommende Hefte festzulegen. Bislang war es Th. Th. Heine, der die meisten Beiträge anregte und auf die Tendenz des Blattes den größten Einfluß hatte. Jetzt sind die Diskussionen hitziger geworden, denn Heine und Thoma geraten oft aneinander.

Beide haben kein Talent zur Liebenswürdigkeit. Beide lassen nur sachliche Gründe und keine persönlichen Rücksichten und Gefälligkeiten gelten. Doch das kann dem *Simplicissimus* nur nützlich sein.

Langen sitzt in Paris und bombardiert seine Redaktion mit Briefen, wobei er sich nur in wenigen Punkten durchsetzen kann. Zu zahlreich sind seine Ideen und Verbesserungsvorstellungen. Außerdem beharrt seine Mannschaft – am Brennpunkt des Geschehens – auf ihrer eigenen Route.

Zweimal pro Jahr treffen sich die *Simpl*-Leute mit ihrem Verleger in Zürich, im vornehmen *Baur au Lac*, liefern Rechenschaftsberichte und schmieden Zukunftspläne. Langen erweist sich dann immer als ganz besonders spendabel.

Doch Thoma ist bemüht, sich dadurch nicht allzusehr imponieren zu lassen. Nach München zurückgekehrt, schlägt er in seinen Briefen wieder den alten ruppigen Ton an, der Langen so peinlich ist. Sobald er auch nur die Spur einer Bevormundung zu spüren vermeint, schlägt er zurück. »Sind Sie der Meinung«, schreibt er, »daß ich mit meinem Eintritt in den Simplicissimus die Rolle eines Untergebenen übernahm und weniger Anspruch auf respektvolle Behandlung als in meiner vorherigen Stellung habe? Ich nicht.«

Juxfoto (Thoma in der Mitte)

Auffällig, wie oft er gegen Langen den Kraftmeier herauskehrt: ». . . wenn ich recht zornig werde, schimpfe ich mich auf der Kegelbahn aus oder brülle im Englischen Garten herum.«

Doch trotz Kegelbahn bleibt noch genug Temperament übrig für seine Briefe nach Paris:

»18. April 1900: Ich verlange von Ihnen, daß Sie mir volles Vertrauen schenken . . . 19. April 1900:

Ihr Brief hat mir große Freude bereitet. Ich sehe aus demselben, daß wir uns im Laufe der Zeit noch ganz verstehen werden . . .«

Am 25. Oktober schreibt er einen genialen und zugleich trotzigen Bettelbrief. Und wenige Wochen, nachdem er das gewünschte Geld erhalten hat, scheut er sich nicht, seinem Verleger zu raten, monatlich nicht mehr als 2500 Mark für sich privat auszugeben.

Daraufhin antwortet Langen, zu Recht verdrossen, Thoma solle sich an die eigene Nase fassen und an die eignen Schulden denken, zum Beispiel an die Vorschüsse, die er an den Verlag zurückzuzahlen habe.

Die Gläubiger machen Thoma das Leben schwer. Oft muß er sich das Nötigste zusammenpumpen, doch ist er bei gutem Humor und fühlt sich nach eigenem Bekenntnis tausendmal glücklicher als zu der Zeit, als er Tag für Tag auf dumme Fragen dumme Antworten gab.

In seinem *Lumpenlied* witzelt er:

»Stirbt man in gepumpten Kleidern,
lebt man fort noch manches Jahr
unvergeßlich allen Schneidern,
denen man was schuldig war.«

Dennoch ist sein Bohemientum mehr Pose als Lebensbedürfnis, denn Thoma arbeitet sehr ehrgeizig an seiner Karriere.

Da er das freilich äußerst geschickt und so unauffällig wie möglich betreibt, gewinnt er die Freundschaft seiner *Simpl*-Kollegen, unter denen auch echte Bohemiens sind.

Alle sind fast gleichaltrig, Anfang dreißig, und alle sind durch die äußeren Schwierigkeiten, die der Zeitschrift bereitet wurden, durch gleiche Weltanschauung und gleichen Geschmack zusammengewachsen.

Da ist neben Th. Th. Heine, dem Scharfsinnigen, Unbestechlichen, der Braunschweiger Rudolf Wilke; der Lüneburger Wilhelm Schulz; der Wiener Freiherr Ferdinand von Reznicek, ein ehemaliger k. k. Kavallerieoffizier, der mit seinen giftig-süßen Bildern aus den Niederungen der eleganten Welt zum Publikumsmagneten geworden ist; da ist nach wie vor auch der Zeichner, Maler und Innenarchitekt Bruno Paul aus der Lausitz, der 1900 bereits mit Entwürfen zu Interieurs auf der Weltausstellung in Paris vertreten ist.

Für Thoma ist er der größte, nächst Heine. Doch die meisten Thoma-Beiträge wird der Südtiroler Eduard Thöny illustrieren. Der Bildhauersohn aus Brixen hat sich auf preußische Offiziere spezialisiert und entspricht nicht nur in seinen Ansichten über Berlin Thomas Lebensgefühl: er ist kühl und gelassen bis an die Grenze der Unhöflichkeit und behauptet von sich, niemals Briefe zu öffnen, um sich seine Seelenruhe nicht stören zu lassen.

Dieser Kreis von jungen, witzigen und genußfreudigen Künstlern und ihre Freundinnen, ihre Bewunderer und Schlachtenbummler bilden keine Verschwörergruppe,

Eisstockschießen mit den »Simplicissimus«-Leuten (Thoma in der Mitte)

keine Partei, allenfalls eine lose verbundene Clique. So stellen sich auch keine »Gruppenprobleme« ein. Man sieht sich, wann immer man Lust dazu hat.

Man trifft sich in Schwabinger Bräus und in den Salons der Mäzene, man fährt zum Schwimmen an die oberbayrischen Seen, zu Rodelpartien in die Berge, man kostet gemeinsam die kurzen Faschingswochen aus und verabredet sich für den Frühsommer zu Radtouren nach Italien.

Unter diesen Menschen fühlt sich Thoma wohl. Später, als verbitterter Einsiedler, wird er diese Zeit verklären, wie er außerdem nur noch die Zeit seiner Kindheit verklärt.

4

Einige Zeit führt Thoma auch den Langenschen Bühnenverlag. Er tut das, ohne Honorar oder Gehalt dafür zu verlangen – so sehr interessiert ihn diese Schaltstelle, die ihm die Möglichkeit gibt, in persönliche Beziehung zu den großen deutschen Theatern zu treten, vor allem auch zum Münchner Hoftheater.

Seine Position wird noch stärker, als ihm die *München-Augsburger Abendzeitung* anbietet, *Theaterbriefe* für sie zu schreiben. »Ich werde«, so kündigt er Langen an, »mir erlauben, unserm Hoftheater stark auf die Zehen zu treten ... Da die Augsburger Zeitung das einzige Blatt ist, welches der Regent liest, werden die Herren etwas unangenehm berührt sein ...«

Wie fast alle Theaterkritiker hat auch Thoma ein Theaterstück in der Schublade. Es heißt *Witwen* und ist eine Komödie, die sich am Vorbild des französischen Boulevardtheaters orientiert. »Ich bin frech genug zu sagen, daß mir das Ding lustiger und frischer vorkommt als ›Probepfeil‹, ›Veilchenfresser‹ und wie die Komödien der letzten zwanzig Jahre heißen«, schreibt er an eine Verwandte. »Heute mache ich noch eine kleine Änderung in einer Szene des ersten Aktes und trage morgen das Zeug zu Savits. Es ist sehr wahrscheinlich, daß unser Hoftheater mein Lustspiel noch in dieser Saison bringt.«

Doch das Stück wird abgelehnt (später auch von Thoma). Einstweilen aber will er nicht einsehen, warum niemand an der seichten Verwechslungsgeschichte in der Kanzlei eines Münchner Rechtsanwalts seine rechte Freude haben mag und haben kann. Der heitere und edelmütige Jurist, der übrigens aus einem Försterhaus stammt, verwechselt, wegen häufiger Abwesenheit und Vernachlässigung seiner Amtsgeschäfte, zwei Klientinnen, die zufällig beide Witwen sind. Die eine will einen Prozeß führen, die andere heiraten, und nachdem die Irrtümer sich über drei Akte hin zu Tode gequält haben, gelingt ihr das auch, und der Anwalt, der eigentlich eingefleischter Hagestolz ist, ist's zufrieden.

Auch Gönner Langen winkt ab, als sein Redakteur und Spitzenkolumnist ihm das Werk zum Druck anträgt. Davon verspricht er sich nichts. – Thoma ist wütend:

»Ich bin von verschiedenen Seiten, darunter zwei Verleger, koramiert worden, warum mein Stück noch nicht bei Ihnen erschienen sei. Die Leute waren des naiven Glaubens, daß sich das von selbst verstehe. Entweder ich leiste etwas im Simplicissimus, meine Beiträge, die fast wöchentlich ohne Ihre Kontrolle 80000 und mehr Lesern vorgesetzt werden, taugen etwas – dann ist es – für die dummen Kerle – ausgemacht, daß meine Arbeiten unter der Simplicissimusmarke gehen –, oder das geschieht nicht, dann weiß man ohne viel Federlesen, was meine ganze Arbeit und das betreffende refüsierte Stück wert sein müssen.

Ich kann momentan meinen Namen von Ihrem Verlage nicht loslösen und muß mir also gefallen lassen, daß ich schief beurteilt werde, vor man sich die Mühe nimmt, mich zu lesen. Ich wollte, Sie hörten die Urteile anderer; Sie würden finden, daß ich nicht schärfer kritisiere als Unbeteiligte.

Muß ich Ihnen erst sagen, was in der Abweisung Verletzendes liegt? Der Ton macht nicht immer die Musik, Herr

Langen; die höflichste Form gilt mir den Teufel, wenn der Inhalt nichts taugt.

Die Rolle des Supplikanten liegt mir absolut nicht. Sie versichern mir mündlich und schriftlich, was Ihnen daran liegt, wenn wir hier stramm für Sie arbeiten, und es ist auch nicht gleichgültig für Sie; in dem Augenblicke aber, wo ich eine – verdammt kleine – Förderung meiner Interessen wünsche, weisen Sie das ab, ganz ruhig, wie etwas, was man eben kurz abtut. Ist Ihnen wohl nicht der Mühe wert, lange davon zu reden; ich bin abgefahren und kann schauen, ob ich bei Wohlverhalten und gutem Betragen ein anderes Mal mehr Gnade finde.

Und um was handelt es sich, Herr Langen? Sie gestatten mir schon, daß ich von meinen literarischen Fähigkeiten wenigstens so gut denke, daß weder meine ›Witwen‹ noch sonst etwas Ihren Verlag verschandelt.

Würde ich das, – dann, lieber Herr Langen, wäre ich ein Dummkopf und leichtsinniger Hanswurst, wenn ich nur eine Stunde länger Schriftsteller und Redakteur bleibe. Wie hätte ich das Recht, mir und denen, welche auf mich vertrauen, das anzutun?

Ich bleibe nicht dabei stehen, als Redakteur des Simplicissimus mein Dasein zu fristen. Als ich die Praxis niederlegte, sah ich die Berechtigung zu diesem Schritte nur in dem Vertrauen auf mein literarisches Können.

Versagt es, dann denke ich kühl und anständig genug, um einem Berufe nicht nachzuhängen, in dem ich nichts leiste.

Vorläufig habe ich das Vertrauen nicht verloren; Ihrer Kritik steht die von verschiedenen anderen gegenüber, welche gerade in der bescheidenen und anspruchslosen Lustigkeit die Aufgabe gelöst finden.

Das ist aber Nebensache. Das Persönliche in der Angelegenheit ist verletzend. Man hängt die Arbeit von drei bis vier Monaten nicht in den Rauchfang; ein Lustspiel oder einen Schwank schreibt man für die Aufführung.

Sie gewähren mir huldvoll den Bühnenvertrieb, aber die kläglichen Mehrkosten eines Druckes verweigern Sie. Hierfür gibt es kein Prinzip usw. Das sind Dinge, welche man fühlt und nicht bespricht. Die schönsten Worte verkleistern nicht die Tatsache, daß Ihr Interesse an *meinem* Vorwärtskommen in dem Moment versagt, wo Sie nicht hundert bis zweihundert Mark mehr bezahlen, sondern lediglich riskieren sollen.

Halten Sie dagegen die Erwartungen, die Sie auf mich setzen, und fragen Sie sich, wie es wäre, wenn ich eine solche Grenze zwischen uns ziehen würde. Ich glaube, Sie haben keinen Grund, dies zu wünschen.

Mich kränkt an der Sache nichts *mehr*, als daß Sie mich zwingen, darüber zu reden. Ich habe seinerzeit in der Honorarfrage vermieden, auch nur ein Wort über die Geldfrage zu schreiben. Mir ist eine derartige Auseinandersetzung verhaßt; Sie sollten das selbst fühlen und mich auch so weit kennen, daß ich in meinem Alter Erfahrung genug besitze, um hinter den längsten Sätzen die Meinung zu finden.

Wenn zu Ihnen ein junger Anfänger kommt, dem sagen Sie das Evangelium von dem ›höchsten‹, dem literarischen Werte in Ihrem Verlage.

Mir aber, dem Sie wohl oder übel zutrauen müssen, tagtäglich die literarischen Werte von Einsendungen zu erkennen und dem seit einer guten Reihe von Jahren sehr ernst zu nehmende Männer ein maßgebendes Urteil zutrauen, sollten Sie damit nicht kommen.

Für mich bleibt der Kern eine verletzende Abweisung; ein Hindernis, wo ich es billigerweise nicht finden durfte ...

Ihr Wort vom ›freundschaftlichen‹ Verkehr in Ehren. Ich habe vielleicht zu altmodische Ideen von der Freundschaft; ich sehe ihren Wert in gegenseitiger Förderung; wenn Sie von mir erwarten, daß ich Ihre Sache so gut und besser wie die meinige überall vertrete, dann ist es Ihre verdammte Pflicht und Schuldigkeit, wo Sie können, auch das Meinige zu fördern.«

Die Verstimmung hält nicht lange, und Thoma unternimmt sehr bald einen zweiten Versuch, am Münchner Hoftheater zu landen.

Zunächst sieht er einmal ein, daß er sich von Vorlagen lösen und sich über seine eigenen Stärken klarwerden muß. Die liegen in seinen Augen eindeutig in seiner Fähigkeit, nicht Erdachtes, sondern selbst Beobachtetes wiederzugeben.

»Ich bin ein ganz leidlicher Schriftsteller und wäre ein ganz großer Maler geworden, wenn ich in die Karriere gekommen wäre«, wird er zeitlebens behaupten. An seinen Erzählungen wird man die Richtigkeit dieser Selbsteinschätzung ablesen können, an seinen Erzählungen und an seinen Stücken.

Das erste, das Erfolg hat, ist sein Einakter *Die Medaille*. Langen verlegt es sofort – die Geschichte eines Kleinstadtbeamten, der einem Subalternen aus Anlaß eines Dienstjubiläums ein Mittagessen geben und bei dieser Gelegenheit gesellschaftliche Fühlung mit einer ganzen Reihe nicht standesgemäßer Personen nehmen muß. Der Beamte und seine Frau sprechen Hochdeutsch, alle anderen Dialekt.

Wieder einmal greift Thoma auf ein Milieu zurück, aus dem er seine *Dachauer Geschichten* entwickelt hat.

Schon vor der Aufführung weiß er, daß die Komödie ein Treffer sein wird, daß er seinen Stil gefunden hat. Und diesmal täuscht er sich nicht. *Die Medaille* ist zwar ein bayrisches Stück in bayrischer Mundart, es ist aber nicht nur für Bayern geschrieben. Es soll seinen Weg auch nördlich des Mains gehen. Und dieser Weg muß über Berlin führen.

So überlegt Thoma, der durch bayrische Töne Aufsehen erregen, aber nicht als Bayerndichter abgewertet sein will, wie er das unbekannte Berliner Terrain erkunden kann, ohne seine Pläne allzu offen preisgeben zu müssen. Er arrangiert eine Dienstreise und verspricht Langen, in Berlin einen Feldzug für den *Simplicissimus* zu führen und die Auflage zu steigern.

Das erstere wird ihm, in bescheidenen Grenzen, gelingen. Das zweite nicht. Und Langen scheint das vorausgeahnt zu haben. Jedenfalls findet er: Thoma habe in Berlin nichts zu suchen, Thoma gehöre nach München. Doch widerspricht er nicht, das Temperament seines unentbehrlichen Mitarbeiters fürchtend, und verrät seine Unruhe lediglich in besorgten Briefen.

Berlin präsentiert sich für Thoma anders als erwartet. Und er sieht sich genötigt, das Bild, das er sich vom beliebtesten Schußziel des *Simplicissimus* gemacht hat, zu revidieren. An Langen schreibt er: »Ich bin Ihnen wohl häufig als bayrischer Partikularist geschildert worden? Ich bin es nur insoferne ich wirklich meine Heimat aufrichtig gerne habe. Aber vor den Preußen habe ich als leidenschaftlicher Bewunderer des alten Friedrich und Verehrer von Bismarck immer Respekt gehabt. Ich glaube, daß ich die preußische Geschichte der letzten zwei Jahrhunderte besser kenne als sehr viele Bewohner Berlins; in der Hinsicht war nichts zu korrigieren, aber in mancher andern.

Ich gestehe Ihnen gerne, daß mir der hiesige Aufenthalt vieles gezeigt hat. Mein Respekt ist durch die letzten Tage nur noch gewachsen. Berlin ist eine wunderbare Stadt. Ihrer Anregung, im Blatte redaktionell auf die Norddeutschen etwas mehr Rücksicht zu nehmen, werde ich um so lieber nachkommen, als ich die Nützlichkeit dieser – aber kleinen – Reform gerne einsehe. Ich sage kleinen Reform!; denn den süddeutschen Charakter dürfen wir nie verlieren; er nützt uns hier nicht wenig. Wir sind hier kolossal poussiert worden . . .«

Thoma genießt seinen jungen Satirikerruhm, und es erfüllt ihn mit Stolz, daß er auch in der Reichshauptstadt schon »jemand« ist. Die gesellschaftlichen Verpflichtungen sind derart groß, daß die Arbeit (die ja den Vorwand für diesen Aufenthalt gab) etwas in den Hintergrund rückt.

Dennoch kann Thoma die Einführung einiger Neuerungen an seinen Verleger melden. Vermutlich hätte er auch einen ganz bemerkenswerten Reklamechef abgegeben. »Die wilden Jungens werden nun wieder abends in der Friedrichstraße den Simplicissimus ausbrüllen und allwöchentlich von uns ein Schlagerwort bekommen. Das ist nach zwei Seiten gut. Die Leute hören den Namen wieder an allen Straßenecken, und wenn es oft und regelmäßig geschieht, dann fragen sie von selbst nach dem Blatt. Ich lege kolossalen Wert darauf . . .

Das zweite ist: Wir veranlassen systematisch alle Zigarrenhändler der sämtlichen Vororte, inklusive Charlottenburg und Schöneberg, den Simplicissimus zu verkaufen ... Das dritte ist: Die sämtlichen Friseure Berlins werden für das Abonnement gekeilt.«

Das sind keine Vorschläge an einen Chef, das sind Verlautbarungen, Verfügungen, die Langen nachträglich unterschreiben kann; und er nimmt diese undankbare Rolle an, weil ihm versagt ist, eine andere zu spielen. Unvorstellbare Qualen für einen Mann, der die Entwicklung seines liebsten Geisteskindes, des *Simpl*, nur aus der Entfernung verfolgen kann. Langens rastloser Tätigkeitsdrang zielte und zielt auf Deutschland, sosehr er das Leben in Paris auch schätzt. Und er erwägt, sich den deutschen Gerichten zu stellen, um sein ungewisses Emigrantendasein zu beenden.

Thoma rät ab: »Nach den Briefen, welche bei Ihnen beschlagnahmt wurden, ist eine milde Strafe kaum anzunehmen. Bei Ihnen ist straferschwerend die Annahme, daß Sie mit der Beleidigung das Blatt populär und dadurch einträglich machen wollten. Die sächsischen Gerichte sind bekanntlich die schärfsten, und es wäre daher eine noch strengere Strafe (als 2 Jahre Gefängnis) nicht undenkbar. Es gibt keine Möglichkeit, zu erfahren, welches Strafmaß der Staatsanwalt beantragt. Das weiß dieser selbst erst nach der Beendigung der Beweiserhebung. Außerdem ist es ganz wurscht, was er beantragt. Die Richter halten sich nicht daran.

Ich warne Sie dringend vor jeder optimistischen Beurteilung der Sachlage. Zwei Jahre Festung sind für einen tätigen Menschen eine furchtbar harte Strafe. Ein Bekannter von mir saß auf ›Oberhaus‹ (er hatte einen im Duell erschossen). Nach 5/4 Jahren war der arme Kerl so herunter, daß er auf dringende Vorstellungen des Justizrates Kriegel bedingt begnadigt wurde . . .

Heine saß im Sommer; er sagt, daß er ständig gefroren habe. Ein Winter auf der Festung müsse direkt gräßlich sein. Ich begreife, daß Sie gerne heimkehren würden; aber tun Sie es nicht auf Kosten Ihrer Gesundheit. Wenn Sie keine andere Wahl hätten, dann in Gottes Namen; jetzt wäre es eine grandiose Verkennung der Sachlage. Verlassen Sie sich ruhig darauf, daß wir alles Mögliche tun, und verzichten Sie darauf, zwei Jahre Ihres Lebens einfach zu verlieren. Vielleicht kommen bald bessere Zeiten . . .«

Für Langen dauert es noch zwei Jahre, bis die Zeiten besser werden. Für Thoma brechen sie gleich an. Seine *Medaille* hat in München genau den Erfolg, den Thoma erwartet hat, und erweist sich als Zugstück.

Dieser Erfolg dringt auch nach Berlin zu Ernst von Wolzogen, der dort soeben sein *Überbrettl* Kabarett begründet hat. Wolzogen schickt seinen Sekretär mit einem sehr günstigen Vertrag nach München und verpflichtet Thoma als literarischen Mitarbeiter an seiner Bühne. Thoma unterschreibt und verfügt nun über ein doppeltes Einkommen, mit dem er allmählich seine Schulden abzahlen kann. Auch die *Medaille* wirft einiges ab.

Wieder einmal muß Langen um seinen Mitarbeiter bangen. Geht er ganz nach Berlin? Die Berliner Presse meldet es. Thoma dementiert nicht. Wie man hört, packt er bereits.

Und dann: Hat Thoma nicht im Juli einen sehr merkwürdigen, gewundenen Brief an Langen geschrieben? Da hieß es: »Ich bitte Sie um Ihren Beistand in einer recht ernsten Sache, die für mich *sans phrase* Existenzfrage geworden ist.«

Diese feierliche Eröffnung leitete dann zu einem Bekenntnis über, das seinen Bekannten viel Kopfzerbrechen machte. Er gestand, einer »Weibergeschichte« wegen München verlassen zu müssen. Keiner hatte von dieser Frau etwas gehört oder gesehen, obwohl Thoma gelegentlich Andeutungen gemacht hatte. Er nannte die Affäre »die alte Geschichte«.

»Die alte Geschichte, deren Details ich ja nicht zu erzählen brauche und über die ich schweigen muß. Eine Verbindung, die mich seit einem Jahr schon drückte und die jetzt mit ihren Folgen einfach unerträglich wurde. Unerträglich; ohne Übertreibung. Ich wüßte nicht, was ich täte, wenn der unleidliche Zwang noch ein halbes Jahr mich quälte. Außerdem eine Gefahr, die mich täglich und stündlich bedroht. Es kann eine Dummheit passieren, die mich entweder ruinieren oder zeitlebens unglücklich machen müßte.

Ich habe keine Anlage zum Brutalsein und bringe es nicht über das Herz, jemandem weh zu tun.

Aber dieses fortwährende Dulden einer Neigung, die ich nicht mehr erwidere, diese tausend Lügen, Vorwürfe, Tränen haben mich in einen Zustand versetzt, der keine Steigerung mehr erträgt . . . Kurz und gut, die Sache ist heute so weit, daß ich entweder mit klaren Augen ins Verderben gehe – oder abbreche. Ohne Eklat und Szene. Bei dem gegebenen Temperament wäre sonst das Schlimmste zu befürchten.

Es gibt bloß ein Mittel, und das ist Entfernung. Und dabei ersuche, oder nein, ich bitte Sie um Ihren Beistand. Ich *muß* auf einige Zeit von hier fort. Ich habe hin und her überlegt, habe alles bedacht, bin auf alle Auswege und Pläne verfallen, aber es half nichts. Wenn ich einen Tag optimistisch genug war, zu glauben, ich könnte vielleicht die Operation hier machen – die erste halbe Stunde Beisammensein zeigte mir, wie töricht der Gedanke war.

So kam ich dazu, mit Geheeb zu reden. Er hat mich lange genug beobachtet, um zu wissen, wie brennend die Notwendigkeit einer Änderung geworden ist.

Sofort stimmte er zu und erklärte sich bereit, seinerseits alles zu tun, was meinen Plan ermöglicht.

Ich will nach Berlin und mit Geheeb *par distance* auf einige Zeit die Redaktion führen.

Ich werde erst wieder leben, wenn ich von dem Drucke befreit bin, und ich weiß, daß den Nutzen von meiner Gesundung zuerst und zuletzt das Blatt haben wird.

Es handelt sich nicht um eine so lange Zeit. Vier bis fünf Monate. Und bin ich wieder hier, als freier Kerl, so werden Sie sehen, daß wir das Blatt in einer Weise steigern, die Ihnen Respekt abverlangt.

Ich wiederhole, die Schwierigkeit meines Planes war nur durch Geheebs Einverständnis zu überwinden. Nachdem er sofort nicht bloß darauf einging, sondern mich dringend bestärkte, habe ich die Möglichkeit, Ihnen diese Bitte vorzutragen und ohne Beschönigung sagen zu können, der Simplicissimus wird nicht darunter leiden: es soll mein Ehrgeiz sein, dies seinerzeit von Ihnen bestätigt zu hören.

– Berliner Blätter brachten die Nachricht, daß ich vom Simplicissimus weg zu Wolzogen gehe. Ich brauche Ihnen nicht erst zu versichern, daß das Blödsinn ist. Ich weiß mir nichts Besseres, als einmal frei von jeder quälenden Last für das mir ans Herz gewachsene Blatt zu arbeiten, solange Sie mich brauchen können. Geben Sie mir einen guten Bescheid. Ich brauche ihn wie liebes Brot.«

Langen ist alarmiert. War dieser Juli-Brief nicht doch die verschleierte Bestätigung seiner Befürchtungen? Thoma muß ihn durch weitere Treueschwüre beruhigen. Selbstverständlich werde alles ein bißchen schwieriger werden, wenn die Redaktionsgeschäfte schriftlich verhandelt werden, doch der Vorteil, daß er wieder mit freiem Kopf arbeiten könne, schlage doch viel mehr zu Buche. Seine Flucht nach Berlin diene einzig und allein dem *Simpl.* An etwas anderes denke er nicht.

Langen stimmt zu. Und wenige Monate nach dem ersten folgt Thomas zweiter Berlin-Aufenthalt. Doch diesmal ist der gefürchtete *Simpl*-Satiriker schon ein ganzes Stück weiter: man sieht in ihm auch den Mann der Bühne, einen jungen Dramatiker mit glänzenden Aussichten. Man feiert das »Lustspieltalent«. Er trifft Maximilian Harden, Berlins einflußreichsten Journalisten, und stellt fest, daß man sich sympathisch findet. Der Kontakt reißt wieder ab, ohne daß Harden irgendwelche Beziehungen für den Münchner, der Berlin erobern will, hätte spielen lassen.

Auch Sudermann begegnet ihm, doch Thoma findet ihn borniert und langweilig und gibt sich abweisend.

Noch immer will das Gerücht nicht sterben, Thoma gedenke in Berlin zu bleiben. Und immer noch denkt der Umworbene nicht daran, offiziell zu dementieren. Bei Wolzogen arbeitet er an den Proben zur *Medaille* mit. Und Wolzogen tut alles, um ihn an sein Theater und an Berlin zu binden.

Beunruhigt stellt Langen fest, daß sein Redakteur in Berliner Blättern als »Dramaturg« des *Überbrettl* geführt wird. Thoma erklärt: Die Zeitungsnotiz sei ohne sein Wissen von Wolzogen lanciert worden. Daraufhin habe er seinen Theaterdirektor zur Rede gestellt und ihm erklärt, er habe keine Interesse daran, Damaturg dieses »Kitschinstitutes« zu sein. Daraufhin habe ihm Wolzogen mitgeteilt, leider sei bereits eine neue Meldung unterwegs, in der Thoma als »Dramaturg und Hausdichter« bezeichnet werde.

»Ich unterband ihm diese Freude und erklärte, daß ich ihm den Vertrag vor die Füße schmeiße, wenn er in der Weise Kapital daraus schlagen wolle. Ich wollte dementieren, aber da ich tatsächlich im Vertragsverhältnis stehe und die Unterscheidung wenig bemerkt würde, will ich die Aufmerksamkeit nicht noch mal auf mich lenken.«

Selbstverständlich kann es Thoma nur recht sein, daß es Wirbel gibt, Wirbel um ihn. Doch ist er klug genug, das nicht zur Schau zu tragen. Tief innerlich aber genießt er seinen Triumph. Sein gesteigertes Selbstbewußtsein äußert sich nur gelegentlich so unverhüllt wie in dem Brief an Geheeb, in dem er selbstkritisch und ironisch mit Augenzwinkern anmerkt: »Ich habe in der Berliner Luft etwas von meiner falschen Bescheidenheit verloren.«

Er traut sich zu, die Berliner Inszenierung seiner *Medaille* besser zu machen, als es die Uraufführung in München war. Er hat gute Schauspieler für die Hauptrollen, und sogar die Berliner Bauern stellt er über das, was in München geboten wurde. Er studiert die Inszenierungen der großen Berliner Bühnen und stürzt sich dann wieder in die Probenarbeit des *Überbrettl*. Daß ihm die Tätigkeit des Regisseurs fremd bleiben muß, wird er erst später einsehen. Daß es mit den Proben nur langsam weitergeht und die Premiere verschoben werden muß, beunruhigt ihn nicht. Er ist in Berlin, das ist zunächst einmal die Hauptsache.

Er liebt den Trubel und die »fieberhafte Tätigkeit« der Weltstadt. ». . . das Leben ist hier so reich«, schreibt er, »so recht aus dem vollen.« Bei seiner Abreise wird er die Sache etwas anders sehen und des Trubels überdrüssig sein.

Vorläufig unterwirft er sich willig den Kleider- und Weinzwängen der mondänen Welt. Auch das schöne Geschlecht erweist dem untersetzten, kauzig ausschauenden Besucher aus Oberbayern, der so ein gefährlicher Bürgerschreck sein soll, allerhand Aufmerksamkeit. Doch Thoma will sich lieber »die Ohren abschneiden« als eine Herzensbindung einzugehen. Aus einem Techtelmechtel, so fürchtet er, wird leicht eine Ehe, Familienleben. Und wie er über so etwas denkt, hat er im *Simplicissimus* in bissigen Versen über häusliches Idyll und Verwandtes ausgesprochen.

So gibt er sich in Berlin als Frauenverächter und eingefleischter Hagestolz und beruhigt Freunde und Verwandte, die bei ihm anfragen, ob er in Berlin auch Brautschau betreibe, mit den Worten: »Ich nehme weder aktiv noch passiv an den Kleinigkeiten mehr teil, womit wir unser deutsches Familienleben so intim ausstatten. Diese Dinge sind nebst manchem anderem schuld, daß ich für das germanische Gemütsleben verlorenging und ein krasser Egoist wurde, der auf dieser kleinen Erdkugel bloß ein sehr behagliches und ungestörtes, ungeniertes wenn auch sündhaftes Leben sucht.

Ich habe kein Verständnis mehr für die Konvention, welche den bürgerlichen Ehepaaren erlaubt, sich tagtäglich zu quälen und zu verärgern – und nur bei größeren Trauerfällen gemeinsam zu rotzen. Ich finde das Leben so furchtbar nett ohne diese Zutaten.«

Freilich gibt es auch in Berlin Tage, an denen Thoma das

Leben nicht immer »furchtbar nett« finden kann. Einer dieser Tage ist der Tag, an dem seine *Medaille* im *Überbrettl* Premiere hat. Zwar darf er sich fünfmal verbeugen, doch tut er's mit gemischten Gefühlen und ist dabei, nach eigenen Worten, »wütend über die miserable Aufführung«, obwohl doch im wesentlichen *er* es war, der die Inszenierung besorgte. »Wenn es möglich gewesen wäre, hätte die Bande mir einen Durchfall bereitet.« Mit diesen Worten und dem Hinweis auf die katastrophale Akustik schiebt er die Schuld am mäßigen Ergebnis Wolzogens Theater zu, von dem er in Zukunft nur noch sehr abfällig spricht. »Verstiegene Kitschbude« gehört zu den gemäßigteren Ausdrücken.

Auch wenn die Aufführung dem Regisseur Thoma keine Lorbeeren bringt – dem Autor bringt sie in Berlin einen weiteren Anstieg seiner Popularitätskurve. »Ich werde so fürchterlich x-mal eingeladen, daß ich nur mehr mit Händen und Füßen herumschlage, um nicht jeden Wochentag irgendwo anders zu fressen.«

Auf einer dieser Einladungen lernt er den berühmten Bildhauer Fritz Klimsch kennen und bestellt bei ihm eine Thoma-Büste. Über das Ergebnis ist er sehr zufrieden: ». . . vielleicht die beste Porträtbüste, welche Fritz Klimsch bislang machte.«

Über allem aber vergißt er auch die Arbeit nicht. In einer einzigen Woche schreibt er: zwei *Simpl*-Gedichte, eine Weihnachtsgeschichte, einen satirischen Vortrag, zwei Essays und arbeitet außerdem noch an einer Komödie.

Es scheint ihm alles, was er anpackt, zu gelingen; nur das, was er Langen versprach, die Absatzförderung des *Simplicissimus* erweist sich als Fehlschlag. Er entschuldigt sich:

Simpl-Thema: »Deutschtum« (Zeichnung: E. Thöny)

»Kann ich dafür, wenn jede Anregung nach dem ersten Anlauf im Sande verrinnt? ... Gott ja, ich war ein Optimist. Aber ich verspreche nur mehr Dinge, die ich selber in der Hand habe.«

Sein Selbstvertrauen ist durch diese Enttäuschung nicht ins Wanken geraten. Schließlich wird er dem *Simplicissimus* durch seine Feder mehr nützen als durch Reklame-Ideen.

Währenddessen ist Langens Geduld fast erschöpft. Er möchte nach München und die *Simpl*-Geschäfte endlich wieder so führen, wie es seinem Temperament entspricht. Thoma, sein Rechtsberater, hat ihm eine Möglichkeit genannt, nach Deutschland zurückzukehren: »Sie müßten offiziell sterben, tot erklärt werden. Vielleicht zwei bis drei Monate ... Sie müßten sich in Norwegen verstecken und in Deutschland auch für Ihre sämtlichen Verwandten die Tatsache feststellen, daß Sie abkratzten. Ich weiß, daß dieser Plan verwegen und schwierig ist. Möglich ist er nur, wenn sehr wenige Leute davon wissen.«

Langen liebt abenteuerliche Ideen. Auf diese verzichtet er.

5

Wandle ehrbar unter welschen Frauen,
blonder und bebrillter Voll-Germane!
Nur den *Teutschen* darf der Teutsche trauen,
Außerdem – was sagte wohl dein Ahne?

Schau um dich, und du erblickst die Sünde;
wie sie lacht aus tausend schönen Augen!
Glaube mir, was ich dir jetzt verkünde:
Nicht dem *Teutschen* kann die Wollust taugen.

Zartestes Parföng durchweht die Lüfte
und versetzt die Welschen in Ekstase.
Wir verschmähen die pikanten Düfte,
nur das Derbe liebt die *teutsche* Nase.

Nicht bloß außen – nein! auch unterm Kleide
strebt man schön zu sein bei den Französchen;
knisternd rauscht des Unterrockes Seide,
und mit Spitzen sind geschmückt die Höschen.

Teutscher! Wende dich zu deinem Weibe!
Seine Formen sind nicht so gedrechselt,
Wolle trägt es auf dem keuschen Leibe,
die es wöchentlich nur einmal wechselt.

Hier sei glücklich, wie die Ahnen waren!
– Mag die Unmoral auch besser riechen,
teutsches Mark in teutschen Knochen sparen
ist viel besser als dahin zu siechen.

Dieses *Simpl*-Gedicht, überschrieben mit *Warnung vor Paris*, enthält Thomas ganze Verachtung für eine gewisse Sorte deutscher Touristen, wie sie ihm zeitlebens auf seinen Frankreich- und Italienreisen begegnet ist. Es sagt aber auch einiges über Ludwig Thoma selbst, der hier eine Befangenheit glossiert, die ihm keineswegs fremd ist.

Es ist Frühling, Frühling 1902, und Thoma bewegt sich in ungewohnter Umgebung, einer Umgebung, die noch viel aufregender ist als Berlin: er ist Gast bei Langen in Paris. Auch wenn er nicht immer wie ein Weltmann auftritt, genießt er das Schauspiel der Boulevards und vergißt seine Unsicherheit. Später, als er das Schlendern verlernt, wird er sich nur noch selten in ein fremdes Milieu wagen, doch auch im vertrauten Milieu wird er Außenseiter bleiben.

Paris und Langen zeigen sich von ihrer besten Seite, und als Thoma abreist, tut er es in dem sicheren Gefühl, daß sein Verleger sich alle Mühe geben wird, seine Talente noch stärker an den Verlag zu binden und noch stärker anzuerkennen und zu honorieren. Doch auch menschlich ist man sich nähergekommen. Der Weltmann Langen und der Provinzler Thoma, zwei Männer, die bei ihrem ersten Zusammentreffen so gar nichts miteinander anfangen konnten, beginnen Freunde zu werden.

Thoma schreibt, nach München heimgekehrt: »Wenn Ihnen daran liegt, will ich Ihnen ohne Phrase sagen, daß mir Ihre heitere und kameradschaftliche Art einen starken und bleibenden Eindruck gemacht hat.«

Seitdem ist seine Stellung stärker als je zuvor. Er kann es sogar wagen, Langens Familie anzugreifen. Langens Bruder leitet den Bühnenverlag Langen, und zwar, wie Thoma meint, sehr schlecht. Thoma rät, ihn zu entlassen. Jeder andere Verleger hätte diese Kühnheit vermutlich bestraft; Langen tut es nicht.

Er nimmt es auch hin, daß seine Redaktion unter Thomas Führung immer häufiger Betriebsausflüge unternimmt – durch Thoma einfach mit der Bemerkung gerechtfertigt: »Ich will mir 10 Pfund wegradeln minimo.«

Und er nimmt es sogar hin, daß Thoma seinen Plan, die Redaktion nach Zürich zu verlegen, zu Fall bringt. (Freilich hatte er es bei diesem Manöver nicht allzu schwer, da kaum einer der Kollegen gewillt war, München aufzugeben.)

Thoma bringt es seinem Brotherrn schonend bei: »Ihr Geschäft ist doch keine fliegende Schneiderwerkstätte ...« Langens Verdacht, er wolle sich von ihm lösen, beantwortet er hingegen schon drastischer: »Halten Sie mich für ein Arschloch?«

Der Ton, den Thoma anschlägt, wird um so burschikoser, je vertrauter das Verhältnis zwischen Autor und Verleger wird. »Ich hoffe«, schreibt er, »daß Sie in den nächsten Tagen pro Stunde nicht mehr wie zehn Ideen haben.« Und als er ihm eine zweite satirische Zeitung ausredet: »Nun weinen Sie nicht ...«

Er ist zwei Jahre älter als Langen, fünfunddreißig, und er weiß, daß seine Fähigkeit, aus Langens Einfällen die besten auszulesen, von diesem geschätzt wird. So nutzt Thoma seine Sonderstellung aus, und zwar ganz ohne schlechtes Gewissen.

Zu seinen Privilegien gehört, daß er im Sommer in die Berge ziehen darf und nur einmal wöchentlich in der Redaktion auftauchen muß, und auch das nicht immer. Manchmal läßt er sich sogar die Kollegen Holm und Geheeb in sein Urlaubsdomizil kommen – zum *Sixbauern* in Finsterwald.

Dort entsteht sein neues Lustspiel – diesmal ein ausgewachsenes, abendfüllendes. *Die Sekundärbahn* soll es heißen, zuletzt wird es den Titel *Die Lokalbahn* erhalten – eine Geschichte aus der Zeit, als Thoma Rechtspraktikant in Traunstein war, die Geschichte von der Zivilcourage ei-

Beim Sixbauern: Thoma auf der Bank (zweiter von links)
Marion vor ihm

nes Bürgermeisters, die zuerst gefeiert und dann verdammt wird.

Um sich wieder ins Milieu hineinzufühlen, liest der Autor das *Traunsteiner Wochenblatt*. Das Ergebnis scheint ihm sehr günstig von der *Medaille* abzustechen: der Stoff ist größer und langte eigentlich für sechs Akte, das Stück hat weniger Dialekt und mehr Handlung.

Zur Dialektfrage schreibt er an Langen: »Ich will versuchen, mir diesmal die norddeutsche Kundschaft zu gewinnen . . .«

Auch weiterhin liefert er Langen regelmäßige Zwischenberichte über die Entstehung der Komödie.

». . . die Szenen sind mir fast Wort für Wort im Kopfe fertig geworden; ich habe sie ausgedacht in Paris, auf der Italientour und in jeder freien Stunde in München.

Ich bin glücklich über das Stück; ich fühle, daß ich alles gesagt habe, was in diesem Rahmen gesagt werden konnte. Die Personen stehen so lebendig da, daß sie mir selber Spaß machen. Fast tut es mir leid, von diesen prächtigen Spießbürgern Abschied zu nehmen . . .«

Er ist glücklich mit seinem Stück, er ist aber auch ein Rechtsanwalt und versteht etwas von Verträgen. Das bekommt Langen zu spüren. Ehe er die *Lokalbahn* unter Vertrag nahm, hat Thoma bereits Sonderabsprachen getroffen, mit befreundeten Bühnen. Langen muß sehr energisch werden, um seine Mitverdiener-Rechte geltend zu machen.

Und Thoma spürt, daß er an der Grenze des Möglichen angekommen ist, und gibt nach: »Ich will Ihren Verlegergefühlen nicht wehe tun und bin damit einverstanden, daß Sie alles machen.« Allerdings besteht er darauf, daß seinem

Freund Savits am Münchner Hoftheater die Uraufführung vorbehalten bleibt.

Für die Verhandlungen mit den anderen großen Theatern gibt er seinem Verleger Tips, die verraten, wie gut er sich inzwischen in die Theaterwelt eingearbeitet hat. Da ist von Konventionalstrafen und Besetzungsgarantien die Rede, von Optionen und Terminverträgen, von Klauseln und Sonderverklausulierungen aller Art. »In Berlin«, so schließt der selbstbewußte junge Autor die lange Liste seiner Bedingungen, »sollten wir es mit Brahm versuchen; unter Bedingungen, die mich nicht zu stark hinter Sudermann und Hauptmann brächten . . .«

Am 19. Oktober 1902 gelingt Thoma der endgültige Durchbruch als Dramatiker. Die Münchner Uraufführung seiner *Lokalbahn* wird zu einem ganz großen Erfolg bei Presse und Publikum. Zwar ist es das Stück eines sonst bösartigen Satirikers, doch tut es nicht weh, denn die Geschichte von der politischen Phrasendrescherei und der dazugehörigen Feigheit ist lächerlichen Kleinstadtphilistern, die vermutlich nie ins Theater gehen, in den Mund gelegt. So braucht sich keiner der Theaterbesucher angesprochen zu fühlen. Thoma hat es verstanden, nett zu sein zu denen, die nur etwas Spaßiges wollten, und ehrlich zu denen, die im Theater keine Traumwelt sehen. Das zeigt nicht nur die Premiere, das zeigt auch die lange Erfolgsstraße, die diesem Stück bis heute beschieden ist.

An diesem Premierenabend ruft das Publikum schon nach dem ersten Akt nach dem Verfasser. Thoma läßt es zappeln. Erst nach dem zweiten und dritten Aktschluß präsentiert er sich.

Er kann zufrieden sein, ist es aber nicht. Jetzt, als ihm

die Theaterwelt gewogen ist, als neue Stücke bei ihm bestellt werden und immer neue Bühnen seine *Lokalbahn* en suite aufführen, spricht er plötzlich mit Abscheu vom Theater. An Langen schreibt er:

»Was meine derzeitigen literarischen Pläne sind, weiß ich noch nicht. Ich fange eben erst an, wieder einigermaßen Stimmung zu haben. Die Theatergeschichten nehmen sie einem.

Wahrscheinlich schreibe ich jetzt einen Roman; ich sehne mich danach, anständig arbeiten zu dürfen und wieder frische Wirklichkeit zu geben. Alle Bühnenkunst ist doch nur Schminke und Lampenlicht, wenn man es auch noch so sehr vermeiden will . . .

Die Kritiken über ›Lokalbahn‹ sind mir, wie immer, wurscht. Jeder Kritiker hat entweder ein durchgefallenes Stück geschrieben oder will noch eins schreiben. Was geht mich die Meinung eines Schnorralisten an. Zehn haben neun verschiedene, und ich habe lange genug zugesehen, um genau zu wissen, wie es gemacht wird.

Außerdem weiß ich, daß ich bei den Literaten ziemlich unbeliebt bin. Das läßt sich nicht vermeiden, wenn man Redakteur des Simplicissimus ist. Ich habe manchen refusiert, manche glauben wieder, daß sie grundsätzlich gegen den Simplicissimus Stellung nehmen müssen, viele wollen sich damit ins Licht rücken – alle aber können mich am Arsch lecken . . .

Aber sonst ist es ja angenehm, im Geldpunkt. Wäre das nicht, nie schriebe ich mehr ein Stück; künstlerisch regt es mich lange nicht so an wie die einfachste Novelle. Man leidet Qualen, wenn man sieht, wie man selbst im besten Falle aufgeführt wird. Alle Stimmung verfliegt, jedes Milieu wird grob und grell im Lampenlicht. Die Kritiken haben mich nie schockiert – aber die Proben. Pfui Deifel.

Und auf den ›Beifall‹ scheiße ich. Den kriegt jede Drahtseilkünstlerin und Arschverrenkerin genauso, und noch mehr.«

Der »Geldpunkt« läßt Thoma auch weiterhin an Theaterprojekte denken, doch hat er nur sehr wenig von seinen zahllosen Entwürfen ausgeführt.

Nach dem *Lokalbahn*-Erfolg ist er ziemlich sicher, sich aus eigener Kraft, also ohne Geldheirat, aus seinen Schulden herausarbeiten zu können. Immer noch spielt er ein wenig den Bohemien, der sich durchs Leben borgt, doch klingt sein Schlachtruf: »lieber ledig gepfändet sein, als verheiratet im Fett schmoren«, schon etwas nach lieber langer Gewohnheit, denn: von Pfändungen ist er längst nicht mehr bedroht.

Seine Erfolgsbahn führt weiter aufwärts. Eine neue Wegstrecke beginnt. Zuerst hat er seinen Namen mit dem Namen *Simplicissimus* verbunden und groß gemacht. Jetzt will er seinen Namen größer machen und vom *Simplicissimus* lösen, ohne ihn aufzugeben.

Man sieht ihn nun seltener im Kreis der Künstler vom *Café Heck*, die er in der Rolle des Zuhörers bewunderte. Und noch viel seltener sieht man ihn im Kreise derer, die als Zuhörer den ersten Schritt zur Karriere machen wollen wie er, damals 1897.

Treffpunkt für alle, die den Eindruck erwecken wollen, zur Schwabinger Kulturszenerie dazuzugehören, ist im Frühjahr 1903 das neue Lokal der berühmten Kathi Kobus, die bislang in der *Dichtelei* als Kellnerin arbeitete. Ihr eigenes Etablissement nannte sie kurzerhand *Neue Dichtelei*

Thoma-Freund Ignatius Taschner

und sieht sich jetzt in neuer Umgebung von einem Großteil ihres alten Stammpublikums umgeben.

Das aber hat unangenehme Folgen für sie: Ihr ehemaliger Arbeitgeber verklagt sie wegen Mißbrauchs des Namens *Dichtelei*, und so bleibt ihr nichts anderes übrig, als schleunigst einen neuen Namen zu suchen, um einer Polizeiaktion zu entgehen. *Simpl*-Zeichner Wilke schlägt *Simplicissimus* vor. Die Wirtin ist einverstanden. Aber wird auch Langen einverstanden sein?

Die *Simpl*-Zeichner überzeugen ihn, was ziemlich leicht ist, da er sich zusätzliche Reklame für seine Zeitschrift erwartet, und außerdem ist er in besonders großzügiger Stimmung. Langen ist wieder in München.

Mit 30000 Goldmark hat er sich die Aufhebung des Haftbefehls erkauft. Und nun genießt er wieder in vollen Zügen das lang entbehrte junge Schwabing, hundert neue Ideen im Kopf.

Der *Simpl* wird eines seiner Lieblingslokale; fast jeden Abend ist einer der Künstler seiner Redaktion dort zu sehen und wird von Prominentenjägern registriert und begutachtet.

Thoma hält sich da raus. Nicht nur, weil dieses Lokal auch Wedekinds Stammlokal ist (und fast sein Privattheater, denn es gibt kaum eine Nacht, in der er nicht vor seinen Anbetern zur Gitarre singt). Thoma hat auch noch andere Gründe, Ansammlungen von Bohemiens und ihrem Publikum zu meiden: er beschränkt seinen Umgang auf Künstler, die zurückhaltend in der Auswahl ihrer Gesprächspartner geworden sind – so wie er. Auf Künstler, die es schon zu etwas gebracht haben – so wie er. Auf Leute, die sich nicht mehr anpumpen lassen möchten – so wie er.

Thoma hat einen Freund gefunden. Es ist erst einige Wochen her, und vielleicht weiß er noch gar nicht, daß es Freundschaft ist. Jedenfalls ist er in den ersten Faschingswochen des Jahres 1903 dem Mann begegnet, den er bis zu seinem Tod als seinen besten Freund bezeichnen wird: Ignatius Taschner.

Taschner, Bildhauer und Maler, ist drei Jahre jünger, aber schon so bekannt und gesucht, daß er es sich, zwei Jahre zuvor, leisten konnte, eine Wiener Professur auszuschlagen. Wie Thoma ist er Bayer und gibt sich gern als Preußenfresser. Dabei sieht er aber wenig martialisch aus, selbst dann nicht, wenn ihn hin und wieder der Jähzorn packt – eine Eigenschaft, die Freund Thoma als typisch niederbayrisch einstuft.

Der zierliche Mann mit der spitzen Nase leidet unter ständigen Kopf- und Magenschmerzen, ist dabei aber »herzensgut und von einer Heiterkeit, die harte Prüfungen siegreich bestanden hatte«.

Thoma liebt an ihm seine schulbübische Neigung, den Menschen Streiche zu spielen, und die unermüdliche Erfindungsgabe, die dafür nötig ist. Es war Taschners Idee, in diesem Jahr eine neue Attraktion in den Münchner Fasching aufzunehmen – einen Bauernball, den er *Pippinger Veteranenfest* nennen wollte und den er auch, unzähligen Schwierigkeiten trotzend, mit Schwabinger Freunden tatsächlich in Szene setzte, und zwar mit einer von Thoma getexteten Einladung.

Doch so herzlich sich diese Freundschaft auch anläßt – sie ist von Anfang an dazu verurteilt, eine Freundschaft per Distanz zu sein (was sie möglicherweise so unproblematisch gestaltet hat). Noch mitten im Faschingstrubel erhält

Münchner Fasching: Thoma als Bismarck (zweite Reihe; dritter von rechts) ganz links Ignatius Taschner

Taschner vom Direktor der Breslauer Kunstschule einen Lehrstuhl angeboten. Taschner erbittet Bedenkzeit. Wenige Wochen später wird das Breslauer Angebot so stark verbessert, daß sich Taschner schweren Herzens entschließt, mit seiner Frau und seiner zweieinhalbjährigen Tochter München zu verlassen und nach Breslau zu ziehen.

Dennoch bleiben die beiden Männer in engem Kontakt, auch wenn der Briefwechsel eher mager und die Begegnungen selten sind. Jedes Jahr kommen die Taschners zum Fasching nach München, hin und wieder verabredet man sich für einen gemeinsamen Urlaub. Doch selten wird etwas daraus. Taschner wird von Herzkrämpfen gequält. Er weiß, daß ihm für seine künstlerischen Ziele nur noch wenig Zeit bleibt. So arbeitet er wie ein Besessener, ohne auf die Mahnungen seines Freundes Thoma zu achten.

Im Fasching 1904, als Taschner mit seiner Frau auf einen Abstecher nach München kommt und in Thomas Schwabinger Wohnung logiert, ist freilich noch kaum etwas von dem zu spüren, was dem jungen erfolgreichen Bildhauer die letzten Jahre zur Qual machen wird. Alle sind bester Dinge. Das Pippinger Fest war so erfolgreich, daß es in diesem Jahr wiederholt wird.

Die Freunde stürzen sich Hals über Kopf in den Münchner Fasching, und als die Taschners abreisen, hat Thoma immer noch nicht genug. Stolz berichtet er nach Breslau, er habe sich dermaßen wild aufgeführt, daß ihn ein Polizist auf der Maximilianstraße wegen Knallerbsenwerfens aufgeschrieben habe.

Diese Faschingssaison leitet ein gutes Jahr ein. Endgültig sind die finanziellen Schwierigkeiten des *Simplicissimus* in weite Ferne gerückt. Endgültig haben alle, die an seinem Erfolg mitgearbeitet haben, einen guten Namen erkämpft – allen voran natürlich Albert Langen, dessen Zeitschrift eine stolze Kette von Berühmtheiten aufweist. Im *Simpel* erscheinen Beiträge von Altenberg, Bierbaum, Blei, Brod, Anatole France, Hamsun, Hesse, Karl Kraus, Heinrich und Thomas Mann, Meyrinck, Morgenstern, Mühsam, Rilke, Roda-Roda, Schaukal, Scheerbart, Schlaf, Schnitzler, Strindberg und vielen anderen; Zeichnungen auch von Barlach, Zille und Käthe Kollwitz; Wassermann und Thomas Mann waren fest angestellte *Simpl*-Mitarbeiter, ehe sie von ihrer Schriftstellerei leben konnten.

So hat diese erfolgreiche Zeitschrift bereits Prestige und eine Geschichte, auf die sie verweisen darf, ohne daß das ihrer Jugend und ihrer Bissigkeit geschadet hätte.

Aber auch der Buchverlag A. Langen hat eine Spitzenstellung erobert. In diesem Jahr 1904 liegen 354 Titel von 53 in- und ausländischen Autoren vor, darunter Werke von d'Annunzio, Björnson, Dostojewski, Gorki, Halbe, Hamsun, Maeterlinck, Heinrich Mann, Prévost und Tolstoi. Thoma gehört schon jetzt zu den Bestsellerautoren des Hauses: mit 49000 verkauften Exemplaren liegt er an dritter Stelle hinter Prévost und Björnson, und das mit nur drei Büchern – mit Geschichten und Strophen, die zumeist für den *Simpl* geschrieben waren.

Seine *Schlemihl*-Gedichte, unter dem Titel *Grobheiten* herausgegeben, haben das Gesicht der Zeitschrift geprägt und gehören zum Bekanntesten, was damals an Reimen gedruckt wird. So zum Beispiel das *Gräßliche Unglück*, das er an jene adressiert, die behaupten, der *Simplicissimus* habe familienschädigende Wirkung:

Im Wirtshaus sitzt der Vater,
die Mutter im Theater,
sie schwelgt im Kunstgenuß.
Die Tochter, unschuldsreine,
liest still beim Lampenscheine
den Simplicissimus.
Wie alle höh'ren Töchter
hat sie nicht der Geschlechter
Verschiedenheit gekennt.

Doch als sie *dies* gelesen,
ist alles futsch gewesen,
was man moralisch nennt.
Sie ließ den Storchenglauben
wohl über Nacht sich rauben
und sonst noch mancherlei.
Sie las vergnügt die Witze,
verstand die frechste Spitze
und wußte, was es sei.
Als dies die Mutter ahnte
und ihr das Schlimmste schwante,
sprach sie nicht einen Ton.
Sie schloß in ihrer Kammer
sich ein, mit ihrem Jammer
und einem Bariton.
Noch tiefer ist gesunken
der Vater. Schwer betrunken
holt er sich bald die Gicht.
Wie war er gut katholisch!
Jetzt ist er alkoholisch,
bis daß sein Bierherz bricht.
Er geht nicht mehr von hinnen,
poussiert die Kellnerinnen
vor Gram und Überdruß.
Und wer hat das verschuldet?
Der, den man leider duldet,
der Simplicissimus!

Zwar wissen die meisten Leser des *Simplicissimus* inzwischen, wer hinter dem Namen *Schlemihl* steckt, doch ist das Thoma nicht genug. Als Dramatiker hat er sich bereits ein wenig außerhalb des *Simpl*-Bannkreises gezeigt – jetzt will

stud. jur. Ludwig Thoma

er auch als Erzähler dafür sorgen, daß sein Name eines Tages bekannter ist als der *Simplicissimus*.

Im vorletzten Jahrgang erschienen in jedem Heft mehrere Thoma-Beiträge, im letzten waren es immerhin noch fünfzig, im gegenwärtigen werden es nur noch knapp die Hälfte sein, denn Thoma drängt seine journalistischen Verpflichtungen immer mehr zurück und steuert einen großen Bucherfolg an. Seine Bauerngeschichten haben aufhorchen lassen, jetzt aber will er den ganz deutlichen Publikumserfolg.

6

Für dieses Erfolgsbuch wählt er als Thema ausgerechnet die keineswegs volkstümliche Erfahrung, daß Jungsein eine ernste Sache ist, sogar »die ernsteste«, wie er einmal an den Schriftstellerkollegen Hofmiller schreiben wird.

Beweisen will er das an seiner eigenen Jugend. Und heißen soll das Ganze *Lausbubengeschichten*. Ein Buch, das so gar nichts mit der augenzwinkernden Erinnerungsliteratur zu tun hat, auch wenn es von oberflächlichen Lesern ohne weiteres in die humoristischen Paukergeschichten eingereiht wurde und eingereiht wird. Wer näher hinsieht, sieht ein beklemmendes Pandämonium des deutschen Familienlebens, die boshafte und muffige Welt des heuchelnden Spießers.

Thoma besitzt reichliches Anschauungsmaterial, denn ihm war es beschieden, seine Kindheit und Jugend in meh-

Bauernadvokat Dr. Thoma mit Freunden in Dachau

reren Kleinbürger- und Mittelstandsfamilien sowie in Internaten mit Familienanschluß zu verbringen.

Ludwig Thoma stammte aus einer Förstersippe und wurde am 21. Januar 1867 als viertes Kind seiner Eltern Max und Katharina (einer Wirtstochter) in Oberammergau geboren; ausgerechnet im Haus eines Verlegers (eines Verwandten mütterlicherseits). Der Junge verlebte eine glückliche Kindheit im Forsthaus an der Vorderriß, nahe der Tiroler Grenze, bis unerwartet sein Vater 1874 an Herzlähmung starb. Die Mutter war außerstande, ihre sieben Kinder allein aufzuziehen, und mußte sie zu Verwandten, Bekannten und manchmal auch zu fremden Leuten geben. So wurde der Försterjunge Ludwig Thoma mit sieben Jahren ein Stadtkind, zunächst in Landstuhl, dann in Neuburg an der Donau, dann in Burghausen und schließlich in München. In Landshut bestand er die Reifeprüfung.

Für ihn stand es außer Frage, daß er Förster werden müsse, wie sein Vater. Und so schrieb er sich mit neunzehn Jahren an der Forstakademie in Aschaffenburg ein. Doch die Materie lag ihm nicht. So sattelte er schon ein Jahr später auf Jura um. Zuerst studierte er in München, wo er wegen »Kneifens« aus einer schlagenden Verbindung flog, dann in Erlangen, wo er in Studentenkreisen wegen seiner Streitlust gefürchtet war. Jeder nichtschlagende Student galt ihm als *Obskurant* oder *Prolet*.

Später distanzierte er sich nachdrücklich von der *Burschenherrlichkeit*, so zum Beispiel in den *Schlemihl*-Gedichten *Stoß an*, *Die Thronstütze* und *Die weisen Juristen*.

Die weisen Juristen

Ja, ja, den Künstlern fehlt die Logik!
Sie genießen nicht die rechte Pädagogik . . .
Es geht keiner auf die Universität
und lernet dortselbst von früh bis spät,
wie dieses tut ein braver Jurist,
der drei Jahre lang sauft und frißt
und die Mitgift der armen Schwestern
verjubelt in flotten Korpssemestern,
bis er, weil es nicht anders geht,
sich endlich mürrisch dazu versteht
und lernet in zehn Wochen den ganzen Mist,
den er bedarf als guter Jurist,

um andere Leute geringzuschätzen
und selber recht saudumm daher zu schwätzen.

Selbstverständlich griff Thoma nicht nur die angehenden Juristen an, sondern auch die angehenden Geistlichen. Ein Jahr vor seinen *Lausbubengeschichten* erschien die Erzählung *Der heilige Hias* – eine wahre Geschichte über einen Thoma-Mitschüler, der Pfarrer werden sollte, zum Studium aber zu faul und zu versoffen war. So schlug er zunächst die Offizierslaufbahn ein, trat dann aber im zweiten Anlauf dennoch in den geistlichen Stand. Dieser Stoff bot Thoma alles, was sich ein *Simplicissimus*-Autor wünschen konnte ...

1890 schloß Thoma sein Studium ab und erwarb den Doktortitel. Die Referendarzeit verbrachte er in Traunstein und München – in Traunstein besonders deswegen, weil er in der Nähe seiner Mutter sein wollte, die am Chiemsee einen Gasthof gepachtet hatte. 1893 bestand er die große juristische Staatsprüfung nur als 176. von 303 Kandidaten.

Ein Jahr später starb seine Mutter. Thoma, dem durch sein mäßiges Examen die höheren Staatsstellen versperrt waren, ließ sich als selbständiger Anwalt in Dachau nieder, bis ihm das Dasein als Bauernadvokat zu langweilig wurde und sein Münchner Leben begann.

Das Jahr 1904 also bringt den großen Erfolg der *Lausbubengeschichten.* Und Thoma ist seinem Verleger Langen als Buch- und Bühnenautor längst so wichtig geworden wie als *Simpl*-Autor, wahrscheinlich wichtiger. Das bedeutet, daß der Erfolgsautor mehr Freiheit denn je zuvor genießt. Mehr und mehr verbringt er seine freie Zeit auf der Jagd.

Der Satiriker, der es seinem Vater schuldig zu sein glaubte, Förster zu werden, wird zum passionierten Jäger. Mit Langen hat er zwischen Dachau und Altomünster ein großes Revier gepachtet. Und nun teilt er sein Leben zwischen Jagd und Arbeit.

Als Jäger, nicht als Schriftsteller, schließt er in dieser Zeit Freundschaft mit Ludwig Ganghofer, der ein Jagdhaus in Tirol besitzt und jährlich für sechs Monate seinen Haushalt dorthin verlegt.

Ganghofers Großvater war Forstaktuar bei Thomas Großvater – das erfüllt den bissigen *Simpl*-Satiriker, der so manches gegen Ganghofer einzuwenden hätte, mit Rührung. Seit sie erstmals in Finsterwald, wo Thoma die *Lokalbahn* schrieb, zusammentrafen, bilden sie ein merkwürdiges Paar, nicht nur auf der Jagd. Denn da beide über Bauern schreiben, will man sie auch in der Literaturgeschichte zusammenspannen – als »Goethe und Schiller in Wadlstrümpfen«.

Für Thoma ist diese Koppelung wenig schmeichelhaft, denn in seinen Augen ist der »gute, liebe Ludwig«, wie er ihn manchmal nennt, ein schlimmer Kitscher, der über Bauern schreibt, ohne sie zu kennen, der Bauern für Touristen liefert und dessen Bauernstücke nicht zufällig die größten Erfolge ausgerechnet in Berlin feiern.

Ganghofer enthält alles, was Thoma im *Simplicissimus* bekämpft. Ganghofer ist des Kaisers Lieblingsschriftsteller. Ganghofer läßt sich mit professoralem Spitzbart als *Edelweißkönig* zu Pferd abbilden. Ganghofer schreibt rührselig und pathetisch. (Thoma: »Wenn zehn Worte genügen, schreibt Ganghofer elf.«) Eigentlich wäre er die ideale Schießbudenfigur.

Ludwig Ganghofer

Doch Thoma entscheidet sich für den gutherzigen Menschen und übersieht großzügig das, was ihn stört. Der Schriftsteller Ganghofer bekommt lebenslängliche Schonfrist.

Freunde behaupten zwar gelegentlich, Thoma gehe mit dem »verboten vielrednerischen« Modeschriftsteller am liebsten auf die Pürsch, weil Ganghofer dann nicht reden darf; doch nimmt er auch an Ganghofers winterlichen Empfängen in München teil, wo Rilke, Hofmannsthal, Kainz und Kaulbach Ganghofersche Gastfreundschaft genießen. Dann packt ihn doch gelegentlich der Neid, wenn er sehen muß, welchen Aufwand sich dieser Romanproduzent leisten kann, ein Mann, der in sechs Wochen einen ganzen Wälzer schreibt, so nebenbei, nach Mitternacht, während die Gäste weiterfeiern. Es schmerzt ihn, daß ein Autor, der literarisch so deutlich unter ihm steht, so viel vermögender und populärer ist, doch wird das Verhältnis der beiden Männer vom »braven, lieben« Ganghofer immer wieder entspannt.

So erwartet er zum Beispiel nie, daß Thoma seine Bücher liest (was dieser so gut wie niemals tut; das äußerste ist, daß er zur Premiere von Ganghofer-Stücken erscheint). Andererseits liest Ganghofer fast alles, was Thoma schreibt, und dieser rühmt seine Fähigkeit, »sich am Erfolg anderer neidlos und herzlich erfreuen« zu können.

Später, nach Ganghofers Tod, wird er auch einmal den *Schriftsteller* Ludwig Ganghofer in Schutz nehmen. »Die zwölf Jahre Altersunterschied«, so wird er schreiben, »machten ihn zum Vertreter einer anderen Zeit mit anderen künstlerischen Zielen. Aber seine strengen Kritiker haben stets das übersehen, was ich an ihm schätzte und bewunderte. Eine unversiegliche Freude am Fabulieren, eine überquellende Phantasie und – wenn nicht Strenge, dann ganz gewiß lauterste Ehrlichkeit.«

Ganghofers Freundschaft erweist sich auch in Nöten, die sich Thoma selbst eingehandelt hat, zum Beispiel in Prozessen.

Seit dem berühmten Palästina-Prozeß erscheint der *Simplicissimus* zwar nicht mehr im strengen Leipzig, sondern im liberaleren Stuttgart, doch auch dort werden Anklagen erhoben. Und diese richten sich nicht zuletzt gegen *Peter Schlemihl,* der seit Jahren einen beharrlichen Kampf gegen Sittlichkeitsapostel und Zensurbeamte führt.

Keine dieser Anklagen jedoch führt zu einer Verurteilung. Das liegt einmal daran, daß Thoma juristisch geschult und gewitzt ist und mit seinen Attacken immer haarscharf an der Grenze des Strafbaren vorbeizielt; das liegt aber auch daran, daß er seit zwei Jahren in Stuttgart einen außerordentlich beherzten und einflußreichen Anwalt kennt – den Führer der schwäbischen Demokraten Konrad Haußmann, einen Mann, der einmal Thomas liebster Briefpartner sein wird. Die Sympathie, die beide füreinander empfinden, hat allerdings später beträchtliche Spannungen auszuhalten.

Doch vorläufig herrscht noch das herzlichste Einvernehmen, und als in Nr. 31 des 9. *Simpl*-Jahrgangs das *Schlemihl*-Gedicht *An die Sittlichkeitsprediger in Köln am Rhein* Ärgernis bei der Staatsanwaltschaft erregt, bietet Haußmann wieder einmal spontan seine Hilfe an.

Lange genug hat Thoma die Sittenwächter und Zensurschnüffler gereizt, jetzt scheint er die Rechnung zu bekommen für Verse wie diese:

Die Gestrengen

. . . Da sitzen sie oben, feierlich, stumm.
Wir blicken hilflos im Kreise herum
und prüfen die Mienen der strengen Herren,
die die Macht besitzen, uns einzusperren.
In der Mitte thront der Herr Präsident,
der keine Kunst und kein Mitleid kennt.
Seitdem ihn das Zipperlein öfter zwackte,
haßt er von ganzem Herzen das Nackte.
Der rechter Hand sitzt und so grimmig lacht,
wenn der Präsident eine Bemerkung macht,
die über uns bildet einen Witz,
ist zwar keine Leuchte der hohen Justiz,
aber beliebt bei dem Herrn Minister;
und ist nierenleidender Korpsphilister.
Der Herr zur Linken ist auch ganz Ohr
für den Präsidenten und kehrt hervor
das helle Staunen vor so viel Geist,
wie sich aus dessen Reden erweist.
Er zeigt uns mit besonderer Verve
seine Verachtung als Leutnant der Reserve.
Die andern zwei sind mehr jovial.
Sie freuen sich schon auf das Mittagsmahl,
das sie fröhlich einzunehmen gedenken,
wenn es ihnen gelang, uns hereinzusenken.
Ihr Herren Maler, ihr Herren Dichter!
Was prüft ihr so lange diese Gesichter?
Sucht ihr den Geist von der Akademie,
der hohen Schule? Den findet ihr nie!
Oder höchstens in einigen breiten Schmissen,
womit sie das Antlitz entzwei gerissen,

die sie sich schlugen auf Maul und Nase,
bei einem Korps oder einer Blase,
als sie noch bei der Kneiperei
im Chorus sangen »Der Bursch ist frei«
und daß man die Wahrheit sagen müßt.
Das haben sie längst schon abgebüßt;
seitdem sie die Leber sich sauer gesoffen,
ist es vorbei mit dem Schwärmen und Hoffen.
Wer in Bier ertränkte die schöne Jugend,
ist desto mehr für die strenge Tugend;
die Ideale sind eitel Dunst.
O Herrgott, schütze die arme Kunst!

Diesmal geht es Thoma wirklich an den Kragen, und er ahnt das schon sehr früh, nämlich als man ihm ein »Vergehen wider die Religion«, begangen durch das Wort *Bibeldünger* in seinem Gedicht an die Kölner Sittlichkeitsredner, vorwirft.

Mit seinem Rechtsbeistand Haußmann berät er sich brieflich:

»Was das Religionsvergehen anlangt, so ist doch fadenklar, daß ich mit Bibeldünger nicht den Inhalt der Bibel, sondern das, was diese Sittlichkeitsapostel herauslesen, meinte. Ich griff doch gerade die dumme, engherzige und verlogene Moral dieser Menschen an. Die Bibel selbst ist nichts weniger als ein prüdes Buch; sie ist sehr unmoralisch im Kölner Kongreßsinne . . .«

Thoma ahnt, daß es diesmal schwierig wird und daß ein schwieriges Jahr bevorsteht.

Das beanstandete Gedicht lautet:

An die Sittlichkeitsprediger in Köln am Rheine

(Zeichnung von O. Gulbran

Warum schimpfen Sie, Herr Lizentiate,
Über die Unmoral in der Kemenate?
Warum erheben Sie ein solches Geheule,
Sie gnadentriefende Schöpsenkeule?

Ezechiel und Jeremiae Jünger,
Was beschmeußen Sie uns mit dem Bibeldünger?
Was gereucht Ihnen zu solchem Schmerze,
Sie evangelische Unschlittkerze?

Was wissen Sie eigentlich von der Liebe
Mit Ihrem Pastoren-Kaninchentriebe,
Sie multiplizierter Kindererzeuger,
Sie gottesseliger Bettbesteuger?

Als wie die Menschen noch glücklich waren,
Herr Lizentiate, vor vielen Jahren,
Da wohnte Frau Venus im Griechenlande
In schönen Tempeln am Meeresstrande.

Man hielt sie als Göttin in hohen Ehren
Und lauschte willig den holden Lehren.
Sie reden von einem schmutzigen Laster,
Sie jammerseliges Sündenpflaster!

Sie haben den Schmutz wohl häufig gefunden
In Ihren sündlichen Fleischesstunden
Bei Ihrem christlichen Eheweibchen?
In Frau Pastorens Flanellenleibchen?

Peter Schlemihl

Die Gerichte bereiten ihm seine erste Niederlage. Obwohl Ganghofer als Gutachter während seiner Stellungnahme mit geballter Faust auf den Richtertisch schlägt, wird Thoma verurteilt. Zu sechs Wochen Gefängnis. Im Herbst hat er seine Strafe anzutreten.

Fast atmet er auf. Als alles klar ist, schreibt er im Stil der späteren Filser-Briefe an seinen Freund Taschner: »Indem ich also jetzt Sträfling bin, aberst noch nicht, weil mir appellieren, und überhaupts bloß im Winter uns höchstens einsperren lassen, möcht ich Dir schreiben . . .« Er gratuliert Taschner, der inzwischen eine Berliner Karriere zu machen scheint, und versichert ihm, daß er sich vor den sechs Wochen nicht besonders fürchte, nur vor dem Entzug von Lebensgenüssen.

Anderen Bekannten gegenüber erklärt er, daß er im Gefängnis sicher besonders gut arbeiten werde und Giftblüten treiben könne.

Den mitleidigen Worten der Verlegersgattin Dagny Langen begegnet er mit den Worten: »Ich ertrage die Sache so gelassen wie ein Mann, der einen Roman und damit ein gutes Stück Arbeit hinter sich hat. Und der weiß, daß er noch dieses gesegnete Jahr manchen guten Hirsch und Rehbock schießt.«

Und an Ludwig Ganghofer schreibt er schlicht: ». . . laß Dir danken für Deine Freundschaft . . .«

Thoma wird also als Verkünder der freien Moral ins Gefängnis gehen und sein berühmtestes Stück – *Moral* – hinter Gittern beginnen, sozusagen in passender Umgebung. Die nun folgende Zeit von der Verurteilung bis zur triumphalen Uraufführung des Stückes, zwei Jahre später, bildet den Höhepunkt im Schaffen des Satirikers Ludwig Thoma.

Freilich fragt sich mancher mit leiser Verwunderung, warum ausgerechnet *er* der freien Liebe so stark das Wort redet – ein Mensch, dessen Privatleben immer ›altfränkischer‹ und zurückgezogener wird. Von leidenschaftlichen Erlebnissen, von Abenteuern und Ausschweifungen ist nichts bekannt – er schockiert durch Worte. So zum Beispiel, als er einen Bilderwitz mit zwei sich paarenden Hunden mit deftigen Texten versah; als er die Geistlichkeit mit dem Aphorismus angriff: »Unsere Pfaffen, denen die wirkliche Moral fremd ist, lügen sich eine sexuelle vor«;

oder gar als er, mit einer Anspielung auf den Alten Fritz, die Homosexuellen als »Potsdamisten« bezeichnete.

Warum, so fragen sich jetzt seine Freunde, geht er ins Gefängnis für Freiheiten, die er zwar fordert, aber nicht ausnutzt? Wird er zeitlebens ein Frauenverächter bleiben?

Eine ganze Reihe von heiteren und doch betrüblichen Beispielen dafür, daß er so bleiben wird, liegen vor. So das Gedicht *Katzenjammer*, in dem er mit Stolz bekennt, für Frauen ungenießbar zu sein:

O! wenn ich doch anständig wäre
und so dichtete, daß jede Frauenzeitung
alle Wochen brächte von mir eine Märe
oder auch Lyrisches zur weiten Verbreitung!
Wenn ich bedenke, daß die deutschen Hausfrauen
beim Morgenkaffee verschlängen meine Zeilen,
daß die besten im Land mir schenkten Vertrauen,
sollte ich doch mit meiner Bekehrung eilen!
Es würde sich diesfalls hie und da begeben,
daß sich um mich die besorgten Mütter drängen
und versuchten, mir für das irdische Leben
ihre noch ledigen Töchter anzuhängen.
Auch die Väter würden mir dasselbe gönnen
und sagen: »Wir wollen ihn einmal anschmieren;
wenn wir keinen anderen nicht kriegen können,
müssen wir es doch schon mit diesem probieren.«
Was habe ich eigentlich sonst auf der Erde?
Daß die besten Deutschen furchtbar auf mich schimpfen?
Und daß ich niemals nicht verheiratet werde?
Und daß sie mich noch im Grabe verunglimpfen?
Soll ich niemals erfahren den Kindersegen?

Und durch meine Schuld die Fortpflanzung verhüten?
Wo doch sogar alle Hühner Eier legen
und sich bemühen, diese auszubrüten!
Ja, ich will von heute ab anständig bleiben
und meine Aufführung ganz anders einrichten,
ich will jetzt für Frauenzeitungen schreiben
und im Sinne der deutschen Käsblätter dichten.

Im Gedicht *Weihnachten* (in freien Rhythmen) ist es ein ältliches Fräulein, das ihm »Gemüt« attestiert und ihm zu einer baldigen Heirat rät. Im Gedicht *Sommernacht* wehrt er sich dagegen durch die Vorstellung, die Frau seines Herzens säße neben ihm im Bett und wolle mit ihm übers Schwitzen reden. Doch in der *Herbststimmung* gesteht Thoma seine Einsamkeitsgefühle dann schon unverhüllter und ohne witzige Verbrämung ein:

Es wird schon recht bedenklich kühle
und schwächlich sind die Sonnenstrahlen,
die zitternd auf dem Bürgersteige
fast buttergelbe Kringel malen.
Das Laub wird täglich gelb und gelber;
allmählich fällt es von den Bäumen,
und jeder, der nur halb gebildet,
muß Angesichtes dessen träumen.
Das Alter naht im raschen Laufe,
und alles Sträuben ist vergebens;
die Haare bleichen und verschwinden.
So ist Natur ein Bild des Lebens.
Ja, ja, es füllen sich die Herzen
mit sonderbarer Todesahnung.

Und was wir in den Straßen sehen,
ist auch nur eine leise Mahnung.
Die Witwen kommen von den Gräbern,
die sie mit aller Liebe schmückten,
man sieht die Spuren ihrer Tränen,
die sie im schönen Aug' zerdrückten.
Man fühlt beim Anblick solcher Szenen
den ganzen Frost der Lebenslage
und die verhängnisvolle Kürze
der uns beschiednen Erdentage.

Das klingt schon anders und wäre sicher nicht abgewiesen worden, hätte Thoma es an eine Frauenzeitschrift geschickt . . .

Jetzt, im Jahr 1905, kommen ihm solche Gedanken immer öfter. »Es gefällt mir Verschiedenes nicht mehr« – so schreibt er an Taschner. »Darüber einmal mündlich.« Er will über seine Unzufriedenheit mit der Entwicklung des *Simplicissimus* reden, in dem Langen unablässig Neuerungen einführen will. Doch auch in privater Hinsicht gefällt ihm »Verschiedenes nicht mehr«. Er fühlt sich einsam.

Gute Freunde, die das merken, sehen sich nun mit verstärktem Interesse nach einer passenden Frau für ihn um, allen voran Albert Langen, der darin eine weitere Möglichkeit sieht, Thoma an München zu binden. Vor allem fürchtet er, daß sein Starautor sich ganz und gar aufs Land zurückziehen und ein verbittertes Einsiedlerleben führen könne, ohne auch nur einen Gedanken an den *Simplicissimus* zu wenden. Sein Plan ist klar: Thoma muß an München und am öffentlichen Leben weiterhin Geschmack behalten, und dazu gehört eine Frau.

Während sich Gönner und Bekannte über Thomas Zukunft den Kopf zerbrechen, feiert er wieder einen großen Erfolg: Sein erster Roman ist abgeschlossen – *Andreas Vöst*, die Geschichte eines Bauern, der gegen Behörden und Geistlichkeit kämpft, weil sein Kind vor der Taufe gestorben und darum nur in ungeweihter Erde begraben worden ist. Also keine Idylle, keine Abkehr von der rauhen politischen Wirklichkeit, mit der sich der Satiriker Thoma seit Jahren zu befassen hat, sondern eine sehr realistische Schilderung dörflicher Machtverhältnisse.

Thoma ist mit dem Ergebnis zufrieden. »Bei breiter Darstellung viel Handlung«, meldet er an Haußmann, »und auch politische Stellungnahme gegen das Zentrum« (die Zentrumspartei).

Vöst ist ein neuer Kohlhaas, der nichts als seine Ehre haben will. Sein ungestümes Auftreten wird ihm als Unrecht ausgelegt, und selbst als die, die ihn zum Schweigen bringen wollen, des Unrechts überführt sind, bleibt er der Unterlegene: um Höhergestellten das Gesicht zu wahren, erklärt man seine berechtigten Proteste zum revolutionären Akt.

Thoma zeichnet den Charakter Vösts mit Akribie. Zugleich ist ihm diese Figur aber auch das Mittel, mit dem er den Machtmißbrauch von Bürokratie und Geistlichkeit ins Bild rücken kann.

Gleichzeitig jedoch verbietet ihm seine Ehrlichkeit, die Hilflosigkeit der Bauern zu heroisieren. Er zeigt, wie sie nur gelegentlich in einer spontanen Aufwallung zusammenhalten, sonst aber unfähig sind, ihre persönlichen Gegensätze und Feigheiten zugunsten eines gemeinsamen Vorgehens gegen die, die ihnen schaden, zurückzustellen.

Dies ist kein revolutionäres Buch, kein Buch, das die Bauern aufrütteln soll und kann. Thoma weiß, daß er für Bücherleser und *Simpl*-Leser geschrieben hat, »denn bekanntlich *kann* der Bauer gar nicht Dialekt lesen. Zum zweiten mag er ihn nicht. Darüber ist nicht zu streiten, weil es eine Tatsache ist.« Der Bauer, der liest, so weiß Thoma, schätzt vor allem »geschwollenes Hochdeutsch«.

Deshalb ist der *Vöst* auch nicht in einer Bauernpostille erschienen, sondern in einer Großstadtzeitung, in den *Münchner Neuesten Nachrichten*, Münchens größter, fortschrittlichster und zugleich liberalster Tageszeitung.

Thoma erhält für diesen Vorabdruck zwölftausend Mark, was damals, als ein Essen von mehreren Gängen nur eine Mark kostet, eine enorme Summe bedeutet.

Zum ersten Mal veranstaltet Thoma daraufhin in seiner Schwabinger Wohnung in der Franz-Joseph-Straße eine größere Festlichkeit – unter den Gästen das Ehepaar Langen und Georg Hirth, der Herausgeber der *Münchner Neuesten Nachrichten* und der *Jugend* – sicher eine der farbigsten Persönlichkeiten des damaligen München.

Er hat ein Buch über Schiller sowie *Freisinnige Ansichten der Volkswirtschaften und des Staates* verfaßt und interessiert sich außer für Literatur- und Wirtschaftsgeschichte für Chemie, Biologie, Kunst und Psychologie. Zudem ist er eine Münchner Skandalfigur, weil er in fortgeschrittenem Alter noch einmal heiratete, und zwar eine wesentlich jüngere Frau.

Sein Haus in der Nähe der Propyläen ist ein beliebter Treffpunkt von Künstlern, Politikern, Wissenschaftlern und Literaten. Mit seiner Einrichtung und seinem zweigeschossigen Saale wirkt es wie ein markgräfliches Schloß.

Marion als »Tänzerin Marietta« (Max Slevogt)

Der Hauptgast des Abends ist aber für Thoma weder Langen noch Hirth, sondern eine junge Tänzerin, die Langen dem frischgebackenen Romanautor als Tischdame zugeführt hat: Maria Trinidad de la Rosa, genannt Marietta di Rigardo, Tochter eines Schweizers und einer Inderin, aufgewachsen in Manila, erzogen in einem Ursulinerinnenkloster auf Manila, mit dem Vater nach Europa gekommen, früh verheiratet mit dem Berliner Schriftsteller und Komponisten Georg David Schultz, dem Begründer des Kabaretts *Poetenbänkel im siebten Himmel.*

Marietta – Thoma wird sie Marion nennen – ist also Frau Schultz. Aber das stört den Gastgeber wenig, zumal er von anderer Seite weiß, daß Herr Schultz schwer lungenleidend und einer Trennung nicht abgeneigt sei.

Thoma ist hingerissen. Das ist eine Frau nach seinem Geschmack. Sie ist fünfundzwanzig, quicklebendig und von bestrickender Natürlichkeit. Er lacht herzlich über ihr amüsantes Kauderwelsch. Sie ist zwar schon mehrere Jahre in Berlin, doch hat sie immer noch nicht richtig Deutsch gelernt. Zu viele Sprachen gehen in ihrem Kopf durcheinander: Englisch und Spanisch hat sie von ihrer indischen Mutter, Tagalisch von den Spielgefährten, Deutsch vom Vater, Französisch und Italienisch vom Kloster.

Der Erfolgsschriftsteller blickt ihr in die lustigen Kinderaugen und konstatiert: mit der könnte man sogar verheiratet sein. Daraus kann nie eine bürgerliche Ehe werden, das wird nie langweilig.

Im Juli 1905 veranstaltet Ludwig Ganghofer, weil er fünfzig geworden ist, ein Jagdfest in Finsterwald am Tegernsee. Und Thoma benutzt die Gelegenheit, ihm seine Marion vorzustellen.

Beim Ganghofer-Schießen in Finsterwald am Tegernsee (Thoma links, stehend; Marion auf dem Rücksitz)

Er möchte sozusagen ›den Segen‹ des älteren Freundes, und er ist sich ziemlich sicher, gerade bei ihm Ermunterung zu erfahren: Hat nicht auch Ganghofer eine Künstlerin geheiratet, eine Schauspielerin? Und ist er nicht mit seiner *Thinka* besonders glücklich geworden?

Die Ganghofers wünschen Glück, machen aber auch einige Bedenken geltend. Ob er denn ganz sicher sei, daß er und dieses exotische Geschöpf harmonieren könnten? Ganghofer nennt Marion scherzhaft die »braune Hexe«. Er fürchtet für seinen Freund, der, wie er meint, drauf und dran ist, einen Fehler zu machen. Zwar ist es Thoma gelungen, zu einem berühmten und erfolgreichen ›Bürgerschreck‹ zu werden, aber – ist er's auch in seinem Privatleben, tiefinnerlich?

Wird der schwerfällige Bayer, der sich das Image eines Schwabinger Originals geschaffen hat, diesem Temperament auf die Dauer gewachsen sein?

Doch Thoma überhört die Einwände. Er hat den »Pfarrershaushalt in der Franz-Joseph-Straße« satt, wo ihm seine Schwester Berta seit Jahren den Junggesellenhaushalt führt. Und so einer wie Marion wird er so bald nicht wieder begegnen. Hier heißt es zugreifen.

Thoma macht ihr einen Heiratsantrag, als das Fest in vollem Gange ist. Marion sagt nicht nein, aber auch noch nicht ja. Sie erbittet Bedenkzeit.

Beim abschließenden Fackelzug zu Ehren Ganghofers hält der Jubilar eine Rede, in der er an Thomas bevorstehende Haft erinnert und den forschen Märtyrer hochleben läßt.

Thoma glaubt, am Ziel seiner Wünsche angelangt zu sein. Er genießt auf diesem Fest die ideale »Mischung von liebenswürdigster Künstlerlaune und Bauernfröhlichkeit« und träumt von einem künftigen Leben mit Marion, in dem eine ähnliche Mischung von Künstlerschaft und Naturgenuß möglich sein soll. So wie es nur mit einer unbürgerlichen Frau sein kann.

Marion reist anschließend nach Berlin, um mit ihrem Mann über die Scheidung zu sprechen. Schon wenige Stunden nach ihrer Abreise schreibt Thoma in München den ersten Brief und malt seine Zukunftsvision: »Jetzt sollen alle dummen Puten die Köpfe zusammenstecken – wir zwei und ein Kreis von hellen Menschen und feinen Künstlern – das wird schön ...«

Freilich ist er sich seiner Sache nicht so ganz sicher. Wird Marion Berlin aufgeben? Berlin und ihre Karriere?

Seine Unruhe spiegelt sich in den Briefen, die er in den Wartetagen schreibt:

»Vielleicht habe ich meiner Kraft zuviel zugetraut, als ich Dich gestern ließ ... Laß mich nicht in der quälenden Angst ... Laß Dich nicht quälen; wenn Du siehst, daß Dein Trost nichts hilft, so fahre weg!

Ich folge Dir mit meinen Augen in Berlin, ich sehe Dich alte Bekannte grüßen. Sie werden Dir vertraulich zunicken und sagen: ›Da bist Du wieder, Marietta, und es muß wieder anfangen, wie es aufhörte, mit Cabaret und Gesellschaft.‹ Ich weiß ja, daß es nicht mehr sein wird, aber schon der Gedanke, daß andre dies glauben, quält mich.

... wenn Du länger bleibst, wird es nur ärger. Alle hängen sich an Dich mit Bitten, und Du reißt Dich bloß schwerer los ... Ich kann nicht mehr warten. Wenn Du Montag nicht hier bist, fahre ich nach Berlin.«

Endlich kommt die Nachricht. Marion ist frei und sagt ja. Thoma: »Zuerst war ich eifersüchtig auf die Welt, auf Gott weiß wen, auf die Luft, die Dich berühren darf; jetzt bin ich so glückselig, daß ich den Hausmeister umarmen könnte ... Die Ringe kriege ich morgen ...«

In Berlin feiert das Paar Hochzeit, zwar mit Ringen, aber ohne den Segen der Kirche und vorerst auch ohne den Se-

Marion Thoma

gen des Standesbeamten, denn die Beschaffung von Marions Papieren bereitet Schwierigkeiten und kostet Zeit.

Die Hochzeitsreise geht nach Wien, wo Karl Kraus die beiden am Bahnhof erwartet. Für ihn ist Marion »die schönste Frau der Welt«.

Thoma ist glücklich. Er liebt Marion, und er liebt alles an ihr: ihre Koketterie, ihre Ausgelassenheit, ihre Liebenswürdigkeit, ihren Ernst, ihre Wißbegier, ihren Takt, ihre Schüchternheit, ihre Heiterkeit, ihre Ehrlichkeit, ihre Würde, ihr Temperament, ihre Anschmiegsamkeit.

Marion hat alles, was er sich wünschen kann: künstlerisches Verständnis für seine Arbeit, hausfrauliche Talente, Geschmack und das Talent, mit Menschen umzugehen.

Doch leider zieht das mehr Menschen an, als Thoma recht sein kann. Zunächst vermutet er während der Wiener Flitterwochen, das Interesse gelte vor allem der Frau des berühmten Schriftstellers Thoma. Bald aber muß er merken, daß die Aufmerksamkeiten, die Marion von zahllosen Kavalieren erwiesen werden, in erster Linie der schönen und lebenslustigen Frau gelten.

Bald wird ihm das zuviel. Das Paar bezieht ein Hotel am Semmering, fern vom Wiener Gesellschaftsrummel, und findet endlich wieder zu sich selbst.

Den Tagen am Semmering folgen betriebsame Wochen in München: Thoma und Marion richten ihre elegante Wohnung in der Schwabinger Leopoldstraße ein, mit antiken Möbeln des Hauses Bernheimer und Requisiten, die sie auf Münchens *Dult*-Bazaren zusammenkaufen.

Erst am 12. Dezember dieses ereignisreichen Jahres meldet er nach Berlin, wo Taschner mittlerweile einen Lehrstuhl innehat: »Jetzt muß ich Dir schreiben, daß ich meinen

Personenstand verändert habe, das heißt: ich bin erst im Begriff, dies legitim zu machen. Du kennst Marion. Meine Gründe und Entschuldigungen sind nur, daß ich sie von Herzen lieb habe, und in den drei Monaten unseres Zusammenseins war keine trübe Sekunde. Summa, ich bin glücklich. Und ich hoffe nur, daß der andere, dem ich Unrecht getan habe, nicht unglücklich ist . . .«

7

Die behördliche Anerkennung der Verbindung zwischen Thoma und Marion läßt auf sich warten. Und so hält er seine Frau vor Bekannten, die bürgerlichen Moralgesetzen folgen, vorläufig versteckt; selbstverständlich auch vor seinen Verwandten, die ohnehin keine große Rolle in seinem Leben spielen.

». . . ich vermeide Fragen. Meine Ehe wird wohl bald die staatliche Sanktionierung erhalten. Vorerst begnüge ich mich mit der Tatsache, daß ich seit einem halben Jahr glücklich bin . . .

Ich bin nicht empfindlich. Seit einigen Jahren lese ich mit Vergnügen ab und zu in frommen Blättern, daß ich den Gipfel der Gemeinheit nach und nach erklimme; ich freue mich an den Namen, die ich kriege, und denke mir was.«

Mittlerweile hat sich die Schwabinger Wohnung der Jungverheirateten zu einem Künstlerheim und Künstlertreff entwickelt, auf Marions Betreiben. Zwischen kostbaren alten Möbeln hängen Grafiken und Gemälde der *Simpl*-Maler.

Der Erfolgsautor in seiner Schwabinger Luxuswohnung

Fasching mit Marion: Thoma in der letzten Reihe, fünfter von rech
Marion sitzend, außen rechts; Albert Langen ganz vorn

Marion mischt Aufregendes mit dem Behaglichen. Sie bildet den Mittelpunkt interessanter Gesellschaften, und Thoma ist stolz auf sie.

Wechselweise verkehren sie in den berühmten Münchner Salons des Verlegers Hirth und des nicht minder berühmten Strafverteidigers Justizrat Bernstein, manchmal feiern sie auch beim Maler Friedrich August von Kaulbach.

Oder sie genießen das Münchner Nachtleben und feiern mit Freunden in der mondänen *Odeon-Bar*, wobei man

Thoma sogar einige Male im Smoking sehen kann. Er tut das Marion zuliebe.

Noch nie hat er so viele Faschingsbälle besucht wie in diesem Jahr mit Marion – da war der *Armenball*, die *Immergrüne Redoute*, der *Schwabinger Bauernball* und – zum letzten Mal – das *Pippinger Veteranenfest*, bei dem die Thomas, als Metzger-Ehepaar verkleidet, den ersten Preis für ihr Kostüm gewannen.

Zur Erholung fuhren Thoma, Marion und Taschners sowie die halbe *Simpl*-Redaktion dann zum Rießersee bei Garmisch, um ihre Brummschädel auszulüften und den neuen Modesport – das Skilaufen – auszuprobieren. Marion hatte mit ihrer Begeisterung für Rodel- und Schlittenpartien, für Eislauf und Eisstockschießen mal wieder alle bezaubert.

Diese Tage sind nun vorbei. Der Arbeitsalltag ist in die Simpl-Redaktion zurückgekehrt und zeigt sich von einer neuen Seite: es herrscht Krisenstimmung.

Dabei ist kein Grund zur Besorgnis gegeben – die Geschäfte gehen gut, das Blatt ist erfolgreicher denn je. Zur Einleitung des zehnten Jahrgangs kann Thoma alias Schlemihl schreiben:

Zehn Jahre sind gewiß kein hohes,
kein Alter nicht für mich und Sie.
Doch ist's nicht wenig für ein rohes
und schwer geprüftes Hundevieh . . .

Sogar der oft attackierte Kaiser hatte ein wohlwollendes Wort über die Münchner Zeitschrift geäußert. So schreibt Thoma weiter:

Daß Hoheit uns für würdig fanden,
ist wirklich unverdiente Ehr'.
Ach, daß kein Groll uns länger trenne,
gelobt' ich gerne frommen Geist,
doch wie ich dieses Hundvieh kenne,
hilft alles nichts. Das Luder beißt.

Das Preußische Kriegsministerium hatte den Münchner Satirikern sogar den Gefallen getan, allen Offizieren die Lektüre der Zeitschrift zu verbieten, was die Auflage weiter steigen ließ.

Dennoch – oder gerade wegen des wachsenden Erfolgs – kommt es zum Aufstand in den Räumen der *Simplicissimus*-Redaktion. Langens Mitarbeiter finden, daß die Früchte des Erfolgs zu ungerecht verteilt sind. Man weiß, daß Langen eine feudale Villa im Englischen Garten besitzt und zwei teure Luxusmobile, was damals, als nur wenige Autos in München existieren, als der Gipfel eines Krösusdaseins erscheint. Über die Höhe des Vermögens, das Langen aus dem *Simpl* gezogen hat, kursieren wilde Gerüchte.

So droht eines Tages Th. Th. Heine seinem Verleger an: wenn dieser seinen Hauptmitarbeitern keine Erfolgsbeteiligung garantiere, werde ein Teil der Redaktion unter Führung Heines abwandern und ein Konkurrenzblatt gründen.

Der Titel ist schon da – *Till Eulenspiegel.*

Während des Streits erkrankt Heine. Thoma springt für ihn ein und erzwingt die Umwandlung des *Simplicissimus* in eine GmbH. Langen behält knapp die Hälfte der Anteile, Thoma und Th. Th. Heine bekommen je zwei, die übrigen Mitarbeiter je einen.

Wintersport mit Marion

Thoma, nach Unterzeichnung des Redaktionsstatuts: »Die Veränderung, von der ich weder als Mensch noch als Jurist noch Künstler entzückt bin, hat eine Begründung – die sachliche Notwendigkeit.

Es war nach den bestehenden Verhältnissen die beste Lösung ...

Zurückschieben ließ sich der Wagen nicht mehr; wir mußten ihn auf ein Gleis bringen, auf dem er fahren konnte ...

Die Mitarbeiter nehmen teil an dem Ertrage ihres Schaffens und sollen mit diesem Interesse ihre Freude an der Arbeit steigern, zugleich ihre Zukunft sicherstellen. Theoretisch klingt es für mich gut und recht; der Erfolg muß diese wie alle Theorien auf ihre Lebensfähigkeit hin prüfen.

Ich sehe in der unauflöslichen geschäftlichen Verbindung und in der Nivellierung eine Beschränkung der künstlerischen Freiheit. Ich hoffe, daß die zeichnenden und schreibenden Beamten dieses neuen ›Staates‹ nicht zu frühe Pensionäre werden.

Eines ist sicher. Die Idee des Simplicissimus, der Simplicissimus selber hätten den Schaden gehabt, wenn alles auseinandergegangen wäre.

Ich habe mein möglichstes getan, um das zu verhüten.

Es wäre gescheitert, wenn Langen engherzig gedacht hätte. Er benahm sich aber so klug wie energisch und hat damit nicht nur den Mitarbeitern, sondern auch sich selber genützt.« –

Seitdem steht im Impressum: *Simplicissimus-Verlag GmbH, München.*

Langen ist verletzt, doch gescheit genug, weiterhin um seine besten Mitarbeiter bemüht zu sein. Um seinen Pre-

Mit Marion in Garmisch

stige-Verlust wieder wettzumachen, entwirft er ein neues Zeitschriftenkonzept und bietet Thoma an, diese zweite Zeitschrift, zusammen mit Hermann Hesse und dem Journalisten Kurt Aram, als Herausgeber zu leiten.

Kurz nach Ostern reisen Thoma und Albert Langen an den Bodensee, um mit Hesse Geist und Form des neuen Unternehmens zu besprechen. Man einigt sich darüber, daß auch die geplante Monatsschrift, so wie der *Simpl*, ein gegen die preußische Reaktion gerichtetes liberales Sprachrohr sein soll. Thoma schlägt als Titel *Süddeutschland* vor. Doch Langen hat seine Bedenken.

Die nächsten Wochen verbringt Thoma einsam in Weikertshofen, während Marion ihren erkrankten Ex-Gatten in Berlin pflegt. Die Tage vergehen mit Jagen und der Arbeit an neuen Lausbubengeschichten, die noch im selben Jahr unter dem Titel *Tante Frieda* erscheinen werden.

Es kann nicht ausbleiben, daß der Strohwitwer in dieser Zeit des öfteren an ›den anderen‹ und vor allem an ›die anderen‹ in Berlin denkt, doch äußert er nur Mitgefühl und gute Ratschläge: »Sage ihm nur, daß er keine Sorgen über seine Zukunft haben soll; solche Gedanken dürfen ihn nicht in der Erholung hindern. Gräme Dich auch Du nicht zu sehr ab, kleine liebe Marion, und komme wieder als mein frisches Mädel . . . Jetzt leb wohl, mein schwarzer Liebling, und sei tausendmal gegrüßt und geküßt von Deinem Lucke.«

Die behördliche Trauung verzögert sich weiter, da das Scheidungsurteil immer noch nicht rechtskräftig ist. Doch selbst dann, wenn das erreicht ist, müssen noch zahllose Schriftwechsel folgen: Thoma hat für Marion um »landesherrlichen Dispens« anzusuchen, um die Genehmigung zu einer Wiederverheiratung nach deutschem Recht zu erhalten. »Mag der Landesherr nicht, dann fahre ich nach England . . .« schreibt er an Ganghofer aus Ringsee, seinem Sommerquartier. Und weiter: »Marion ist noch bedeutend schwärzer geworden und hat jetzt die Bronzefarbe glücklich hinter sich, um ins Mulattische überzugehen. Es steht ihr awer good. Wenn wir Tennis spielen, ist immer große Gesellschaft aus Tegernsee da.

Ich glaube, das Viehzeug fährt eigens herüber, um Marion anzuglotzen und sich die Frau zu zeigen, die mit dem Thoma durchging. Das Publikum ist meist weiblich und schnattert und flüstert am Tenniszaun und ist glücklich, daß es auf dem Lande auch was zum Klatschen gibt.«

Im August reist Marion von Berlin an den Tegernsee, ohne Thoma anzutreffen. Der ist gerade wieder jagen in Weikertshofen; und auch im September läßt er sie allein, um mit Ganghofer Gamsböcke zu schießen. Von Tirol aus beklagt er sich über Marions Schreibfaulheit. Doch mit dem Schreiben hapert's bei ihr ein Leben lang. Meistens reicht es nur zu einer Postkarte. Denn Deutsch zu schreiben bedeutet für Marion unsägliche Mühe.

Für Freund Taschner ist dieses Jahr besonders wichtig: er bekommt den größten Auftrag seiner Laufbahn. Die Stadt St. Paul (USA) bestellt ein Schillerdenkmal und zahlt einen derart enormen Vorschuß, daß die Taschners in Mitterndorf bei Dachau ein Grundstück kaufen können – einen ganzen Hügel – und ein Haus bauen. Thoma hofft, sein *Spezi* werde dadurch sachte von Berlin weggezogen und früher oder später als freier Künstler in Bayern bleiben. Taschners zweite Tochter, Antoinette, wird geboren.

Indessen ist der Tag herangerückt, an dem Thoma seinen

Thoma — Hofbesitzer mit eigenem Tennisplatz

Gefängnisaufenthalt antreten muß. Bis zuletzt hat er die Bitten seiner Freunde, ein Begnadigungsgesuch einzureichen, abgelehnt. »Das Stuttgarter Gericht hat nicht zu strenge, aber zweckdienlich, das heißt politischen Zwecken dienend, geurteilt. Es hat mich verurteilt wegen Beleidigung eines Geistlichen in seinem Berufe, obwohl ich ihn nur als politischen Vereinsredner angriff.

Aber das war nicht das stärkste. Es hat sich herausgestellt – hinterdrein –, daß der Beleidigte zu der Zeit, als mein Gedicht erschien, gar nicht mehr Geistlicher war.

Er war ausgetreten, um Sekretär der Sittlichkeitsvereine zu werden.

So bin ich also verurteilt wegen Beleidigung eines Nichtgeistlichen in Ausübung seines geistlichen Berufes, den der Beleidigte nicht mehr bekleidete.

Die Tatsachen sind nicht etwa unklar, sondern unwidersprochen und durch alle Beweise festgestellt.

Ich kann dieses Urteil, welches ich verachte, nicht dadurch anerkennen, daß ich eine Umwandlung der Strafe annehme.

Zudem würde ich den Gegnern ein Mittel in die Hand geben, mich wirksam anzugreifen. Sie könnten sagen, daß ich nicht den Mut habe, die Folgen meiner Handlungen zu tragen.«

So bezieht er am 16. Oktober 1906 Zelle 71 der Strafanstalt Stadelheim bei München. (Heute ist dieses Gefängnis vom Münchner Stadtverkehr umbraust. Damals wehte noch Wald- und Wiesenduft in die Gitterfenster.)

Wenn Thoma bei seinem Einzug ein wenig bedrückt ist, so vor allem, weil ihm verwehrt ist, seine Tabakpfeifen mitzubringen. Die Tatsache, daß man ihm später eine fünfte Zigarre pro Tag bewilligt, wird einen Höhepunkt seines Zwangsaufenthaltes bilden.

Bewilligt sind ihm jede Menge Bücher und Schreibmaterial. Er braucht keine Sträflingskleidung zu tragen und hat eine Zelle mit vier Pritschen für sich allein. Auch die Besuchsreglung ist großzügig. Besondere Tage sind dafür nicht vorgesehen. Marion kommt jeden Dienstag und erzählt vom Leben im Hause Langen, wo sie während Thomas Haftzeit liebevolle Aufnahme gefunden hat. Die Langens nehmen sie mit ins Konzert, ins Theater, in Ausstellungen und fahren mit ihr über Land.

Auch Langen, Hirth und Ganghofer kommen nach Stadelheim, reden über die Jagd und bringen Bücher mit.

Thoma führt über diese sechs Wochen Tagebuch, tagtäglich und mit Akribie. Kein Eintrag, der nicht mit einem Wetterbericht eingeleitet würde, auch genaue Angaben über seinen Gesundheitszustand findet man da.

Gleich der erste Tag verrät, daß Thoma seine Zeit nicht mit Grübeln verbringen wird. Er liest Renans *Leben Jesu* in einem Zug und macht sich Notizen über die kommunistischen Lehren, die das Neue Testament enthält.

Am nächsten Tag macht er sich weitere Anmerkungen über sein stilles Leben. Fast jeden Tag liest er ein neues Buch. Dazu hält er die kleinen Erlebnisse, den Gefängnisalltag fest, die Geräusche der unbekannten Welt der Zellen, Gänge und Höfe und die Geräusche der klein gewordenen Außenwelt.

Über sein verändertes Leben meldet er Marion: ». . . die Regelmäßigkeit, das frühe Aufstehen und zu Bett gehen, sind recht gut. Ich turne morgens und abends; bin eine Stunde im Hofe und schnappe Luft.«

Und dann wird zum erstenmal der Plan zur *Moral* erwähnt: »Ich glaube, daß ich den Stoff zu einer guten Komödie habe . . .«

Thoma wird über die Entwicklung dieses Stoffes seiner Frau ausführlich berichten und sie auch an dieser Seite seines Lebens teilnehmen lassen. Er schätzt ihr Urteil (auch wenn er später, anderen gegenüber, nur vom »dummen kleinen Mädel« reden wird).

Weiter im Tagebuch: Am 22. Oktober empört er sich über die unwürdige Behandlung der Sträflinge, ohne selbst betroffen zu sein, denn im allgemeinen begegnet man ihm, dem berühmten Dr. Thoma, mit aller Ehrerbietigkeit.

Tags darauf beklagt er sich über das Essen: nicht *was* gekocht werde, sei schlecht, sondern *wie*. Unter dem 24. Oktober folgt eine längere Polemik gegen die deutsche Rechtsprechung und die Weltfremdheit deutscher Juristen.

Mit Marion korrespondiert er am selben Tag über einen alten Traum, der nun Wirklichkeit zu werden verspricht: ein eigenes Haus, ein Künstler- und Jägerhaus. Thoma hat am Tegernsee, *auf der Tuften*, ein Grundstück gekauft und entwickelt mit Taschner die Pläne für ein großes geräumiges Bauernhaus. Langen streckt die enorme Summe von 80000 Goldmark vor. Damit ist der Bau gesichert.

Für Thoma sind während der Stadelheimer Wochen alle Gedanken an dieses Projekt ein Freiheitsersatz. Und so erörtert er mit seiner Frau detailliert die Dienstbotenfrage und das Problem, ob man zwei Kühe anschaffen solle oder nicht.

Keineswegs vergißt er darüber seinen Beruf, denn er weiß, daß er im Gefängnis nicht »aus der Welt«, sondern im Blickpunkt des Interesses ist. Darum bittet er Langen, ihm »dringend« alle Kongreßberichte des Sittlichkeitsvereins zu besorgen.

Im übrigen gedeihen seine Vorarbeiten an der *Moral* nach Wunsch. An Marion schreibt er: »Ich sehe nun ziemlich den Weg vor mir, den ich gehen will. Ich denke, daß ich hierin den ersten, vielleicht sogar den zweiten Akt fertig im Rohbau kriege. Draußen werde ich drei- bis viermal ins Theater gehen; und jedenfalls besuchen wir Ausgangs Februar Berlin, denn ich muß mich etwas über die dortigen Theaterverhältnisse orientieren.

Ich werde diesmal gleichzeitig mit der Fertigstellung auch die Umarbeitung für die französische Bühne vornehmen ... Im Französischen kann es um ein Gutes lustiger werden und viel ausgelassener. Damit habe ich mein großes Stück Arbeit pro 1907, und das stimmt mich fröhlich.«

Einige Tage später liest er in den *Münchner Neuesten Nachrichten*, daß man den Schuster Voigt, der als *Hauptmann von Köpenick* die Dummheit einer ganzen uniformgläubigen Gesellschaft sichtbar machte, in Berlin festgenommen hat. »... seine Vorbildung war hinreichend, um einen königlich preußischen Hauptmann darzustellen.« Er sieht die große Komödien-Idee, die darin steckt, nennt ihr Format sogar »shakespearisch«-groß, doch nutzt er sie nicht. Das wird dann Carl Zuckmayer tun, dem damit sein bestes und vermutlich auch erfolgreichstes Stück gelingt. Thoma beläßt es dabei, sich zu amüsieren.

Ihm geht es verhältnismäßig gut. Jedenfalls findet sich in seinem Stadelheimer Tagebuch (von dem man nicht weiß, ob es von Anfang an zur Veröffentlichung bestimmt war oder nicht) keine Klage über Ungeduld und Nervosität. Die Anstaltsleitung und der ihm zugeteilte Wärter tun alles, um dem berüchtigten Satiriker keinen neuen Zündstoff zu geben. »Man streichelt mich ...« Als einziger darf er statt des Tagesquantums Bier zwei Schoppen Wein trinken.

Mit Taschner tauscht er lange Briefe und mehrere Skizzen zum Thema *Hausbau auf der Tuften*. Er lebt ganz in der Zukunft.

Auch seiner Komödie ist er sich schon sicher, hat die gesamte Szenenfolge für alle drei Akte zu Papier gebracht und notiert Dialogstücke: »... die Einfälle kommen, als wenn man reife Zwetschgen schüttelt«, berichtet er seiner Frau. Dazu gibt es noch viel andere Arbeit. Für Langens neue Zeitschrift soll er etwas machen, und er macht sich reichlich Notizen dazu.

Er liest Goethe, Schopenhauer und Plato. Außerdem studiert er französische Komödien.

»Manchmal rinnen mir die Stunden wie kurze Minuten und nur, wenn ich raste, überkommt mich ein Heimweh nach Dir und Deinen schwarzen Augen«, schreibt er an Marion. »Die Tage darf ich nicht zählen, das macht sie lang.«

Am 6. November vermerkt er: »Der Inspektor hat mir die Erlaubnis für eine zweite Stunde Spaziergang erwirkt.« Fünf Tage später beklagt er sich in einem Brief an Taschner, daß sich außer dem Redaktionskollegen Geheeb niemand vom *Simplicissimus* blicken läßt.

Und mit besonderem Groll nimmt er zur Kenntnis, daß die Dekorationen zum bevorstehenden München-Besuch Kaiser Wilhelms II. ausgerechnet von dem Mann entworfen werden, der Thomas erstes Buch illustrierte und ihn mit *Simpl*-Chef Langen zusammenbrachte, von Bruno Paul.

Doch hat er nicht viel Zeit und Anlaß, bitter zu werden, denn seine Komödie gedeiht. »Die Einleitung, welche gleich frisch und lustig einsetzen muß«, erklärt er Marion, »ist diesmal das Schwierigste. Dialoge im zweiten und dritten Akt habe ich schon entworfen. Diese gehen wie geschmiert, was für den Aufbau das beste Zeichen ist. Da ist die Situation und die Szenenfolge so lustig, daß sich die Worte von selber finden. Ich werde aber gar nicht eilen, sondern bis September fortwährend feilen und ändern und basteln. Ich schenke mir keine Schwierigkeit und will gar nichts leichtnehmen.«

Täglich darf er zwei Zeitungen lesen und erfährt so vom Plan der deutschen Justiz, ein neues Delikt zu erfinden. »›Verherrlichung des Verbrechens‹ – heißt der Embryo«, notiert Thoma und macht sich Sorgen. Er fragt sich, zu welchen Übergriffen dieser geplante Gummiparagraph die Behörden ermuntern werde.

Am selben Tag findet sich in seinem Tagebuch die kleinlaute Bemerkung, es wolle ihm in der Zelle nichts Erzählerisches einfallen. Aber wenn man »die Tage zählt«, kann das wohl auch nicht anders sein.

Zu seiner Freude schickt ihm Taschner ein Modell seines Schiller-Denkmals. Thoma ist begeistert und schreibt am 24. Nov.: »Taschner hat ihn hingestellt als ehrlichen Schwaben; dünnbeinig, wie der kränkliche Mann war, schmalbrüstig, nichts von Eleganz in der schlanken Figur; etwas vom Marbacher Schulmeister. So muß er ausgesehen haben.«

Im letzten Brief an Marion heißt es über die *Moral*: »Das Lustspiel lege ich nun bald beiseite; denn ich muß Anregung und Lustigkeit um mich haben, wenn ich den Dialog herausarbeiten will.

Wir werden im Dezember viel ins Theater gehen ... auch oft Musik hören, das regt mich am meisten an, und ich werde überall mein Notizbuch dabeihaben ...

Was Dich interessieren wird, ist mein Stadelheimer Tagebuch. Ich habe jeden Tag Einträge gemacht ... Ich werde mich zwingen, draußen die Sache fortzusetzen, denn es hat einen unschätzbaren Wert für die eigene Arbeit. Ja, sitzen wir nur erst in unserm Starenhäusle! An Arbeit fehlt es nicht ...«

Außerdem teilt er in diesem Brief die genaue Speisenfolge für seinen Entlassungstag mit.

Der letzte Hafttag ist der 27. November. Thoma zieht ein Resümee und bekennt, daß er in diesen Wochen sehr viel über sich gelernt und sein Gefühl für Gerechtigkeit und Ungerechtigkeit geschärft habe.

Am Abend melden die *Münchner Neuesten Nachrichten*: »Dr. Ludwig Thoma ist heute nachmittag, viereinhalb Uhr, aus dem Gefängnis Stadelheim entlassen worden. An der Pforte erwartete ihn eine Anzahl von Freunden, die bei seinem Erscheinen in ein Hoch ausbrachen. Dr. Thoma, der etwas blaß aussieht, aber bei gutem Humor ist, bestieg ein bereitgehaltenes Automobil.«

8

Der entlassene Sträfling hat ein Manuskript bei sich, das er wohlweislich vor der Anstaltsleitung geheimgehalten hat. Es heißt *Die Reden Kaiser Wilhelms II.* und soll dem ersten Heft der neuen Langen-Zeitschrift Glanz geben.

Zunächst wollte Thoma über sein Lieblingsthema *Berlin und die deutsche Justiz* schreiben, dann aber schmuggelte Langen die Reclam-Ausgabe der Kaiserreden bei ihm ein, und da hatte er sein Thema. (Motto: »eine buchhändlerische Missetat und ein Attentat auf das öffentliche Gewissen«.)

Thomas Meinung über die Politik Wilhelms II. ist unverändert in diesem Jahr 1906: nach wie vor warnt er vor diesem »tatenscheuen, hin und her schwankenden, sich an Phrasen berauschenden, nichts ganz, alles nur halb wagenden Regime«. Jetzt nimmt er die Gelegenheit wahr, die gefährliche Dummheit beim Wort zu nehmen. Dabei kann er in seinem umfangreichen Essay, in dieser einfühlsamen Untersuchung auf jede Beleidigung verzichten, denn die hohlen Phrasen enthüllen den Hohlkopf von ganz allein.

Diese Arbeit ist denn auch einer der aufregendsten Beiträge der neuen Zeitschrift, die nicht als *Süddeutschland*, sondern als *März* auf den Markt kommt. Der Titel soll an den besten Geist der Märzrevolution von 1848 erinnern, und so legt Thoma auch Wert darauf, seinen Beitrag nicht als Sprachkritik, sondern als einen *Beitrag zur Geschichte unserer Zeit* verstanden zu wissen. Vom Geist der »guten 48er Jahre« spricht er übrigens auch in einem Brief an Ganghofer, der ihm da nur schwerlich gefolgt sein dürfte.

Thoma ist wieder mit ganzem Einsatz dabei und schreibt im ersten *März*-Jahr 22 Aufsätze und 27 Glossen (für 26 Hefte!). Die *Halbmonatsschrift für deutsche Kultur* soll nicht die geringste Abgeschmacktheit, sondern »lauter lesbare Dinge« enthalten. Nach Thomas Ansicht entspricht das Ergebnis auch vollkommen dieser Erwartung. Nachdem er das Material der ersten Ausgabe gesichtet hat, ist er zufrieden: »Das sollen uns die Berliner nachmachen!«

Eindeutig ist es Thoma wieder darum getan, die geistige Freiheit des liberalen Süddeutschland zu nutzen. Doch Langen, der ihm die speziellen Ressorts Politik, Gesellschaft, Literatur, Kunst und Wissenschaft zusammen mit dem ›Europäer‹ Hermann Hesse anvertraut hat, wünscht die »Revue großen Stils«, wünscht europäische Verständigung auf der Klinge des *März* zu lesen. Das ist durchaus im Sinne Thomas, der ja auch im *Simplicissimus* kein Partikularist ist, obwohl ihm das mancher, der ihn nach dem ersten Blick als »Wurzelsepp« einstufte, vorgeworfen hat.

Das Ziel »europäische Verständigung« ist dem Preußenfresser und Patriotenschreck Thoma durchaus ein Herzensbedürfnis, das beweist unter anderem die Liste der ausländischen Mitarbeiter, die in diesen Jahren am *März* mitarbeiten. Auch seine *Simpl*-Arbeit beweist es. Hat er nicht jahrelang den deutschen Offizierkult als Symptom eines verständigungsfeindlichen Nationalismus gegeißelt? Die »Torheit des Schnedderedengs« und die ordenbehängten Generäle als »wandelnde Weihnachtsbuden« verspottet? Hat er nicht den aufgeblasenen Offizier aufs Korn genommen, »der im Frieden vom Krieg klimbimt / und den Lorbeer auf Vorschuß nimmt«?

Ebenso gefährlich findet er den Typ des Biertisch-Teutonen, der diesen Kult konserviert und sich durch martialisches Kriegsgeschrei ertüchtigt. »Wie kann man mit der Möglichkeit des Krieges spielen, nur um daran eine patriotische Sensation zu haben!« schreibt er an Ganghofer. »Daß die Deutschen eine große Armee haben und sich ganz selbstverständlich wehren, weiß man doch auch ohne dummes Geschwätz. Man fühlt sich sehr unbehaglich, wenn man die Menschen kennenlernt, die unsere Geschicke lenken.«

An Langen schreibt er, der Teufel solle die Sedan-Erinnerungen holen, die alle deutschen Männerherzen höher schlagen lassen, aber die deutsche Entwicklung hemmen. Und im *Simpl* verhöhnt er alle, die sich an der Niederschlagung des *Boxeraufstands*, unter maßgeblicher Beteiligung deutscher Truppen, berauschten; in dem *Rachelied* gegen das »gelbe Schweinepack« hieß es: »Schnedderengdeng! / Ihr seid mir z'wen! / Vierhundert Millionen, / keinen will ich schonen, / alle bring' ich um! / Tschin! Bumm!«

Doch nicht nur der Satiriker spricht aus Thoma, wenn er sich über diese gefährlichen Lächerlichkeiten im *Simplicissimus* äußert. Sein Spott beruht auf Mitleid und Empörung – Mitleid mit dem Kriegsmaterial Mensch, Empörung über die, die mit dem Krieg Geschäfte machen. Als der Zar in Danzig verkündete, der Frieden werde noch einige Zeit halten, schreibt *Peter Schlemihl*:

Wer weiß, wie lange die Stimmungen dauern,
die menschenfreundlichen, gütigen Launen?
Oft über Nacht müssen Bürger und Bauern
sich abmurksen ohne Mitleid und Staunen.
Doch liegt das in weiter Ferne,
die Völker, sie hören es gerne.
Doch trotz dieser Güte, der momentanen,
es regt sich offen, es regt sich im stillen
das bißchen Vernunft in den Untertanen
nach festerem Halt als des Herrschers Willen.
Daß man Gehorsam verlerne,
die Völker, sie hörten es gerne.

Sehr ernst und sehr ausführlich äußert sich Thoma in einem Brief an Albert Langen über seine Krieg-und-Frieden-Philosophie, so rückhaltlos wie nie zuvor und auch später nicht mehr. Er schreibt: »Es gibt nichts, was ich mehr hasse als die Anschauung, daß von Zeit zu Zeit die Völker ihre männlichen Eigenschaften im Kriege erproben müssen ... Daß man heute noch Armeen braucht, kann wahr sein. Aber geistige Potenzen arbeiten auch für die Zukunft.«

Thoma spricht vom Tag, an dem es nicht mehr möglich sein wird, daß eine »kapitalkräftige Minderheit« eine »ungeheure Mehrheit« in den Krieg hetzen kann; vom Tag, an dem man einsieht, »daß es gewiß keine männliche Eigenschaft ist, wenn ein Volk, auf Selbstbestimmung verzichtend, sich für den Profit von ein paar tausend Lumpenhunden abschlachten läßt. Das ist im tiefsten Grunde nichts als Feigheit, die vor der Autorität des Geldes kuscht, die sich nicht auflehnt gegen das als schädlich und schändlich Erkannte. Wir wollen im ›März‹ Platz haben für jeden, der den in Frieden vereinigten Staaten von Europa das Wort redet ... Wir führen keinen Krieg gegen Norddeutschland, aber wir verabscheuen die militärische Phrase, unter der die deutsche Kultur dem Erstickungstode nahe ist.«

Aber Thoma bleibt nicht ›allgemein-ethisch‹. Er zeigt mit dem Finger auf die Kriegsspekulanten, die internationale Geschäfte machen und am Nationalismus verdienen. Er zeigt mit dem Finger auf Politiker, die sich zu Geschäftspartnern dieser Männer machen.

Seit die »Flottengesetze« im Reichstag debattiert wurden, ist Thoma auf dem Posten und kontrolliert diese »vaterlandslosen Gesellen«, die, mit einem mächtigen Propaganda-Apparat, die »Vaterländerei« betreiben.

Vaterlandslose Gesellen

Hebt wieder einer gegen euch die Hand
und spricht, ihr Armen habt kein Vaterland,
so steht doch auf und fragt ihn einmal frei,
was unser Deutschland für den Reichen sei!
Ist es das Land, das er mit Arbeit schmückt,
des Ehre ihn erfreut, des Leid ihn drückt?
Ist es das Land, das er im Herzen liebt,
für das er duldet und für das er gibt?
Ist es die Heimat, seines Volkes Herd?
Das Land der Brüder, die er treulich ehrt?
Ja steh' doch einer auf und frag' ihn frei,
ob so dem Reichen unser Deutschland sei!
Und nicht das Land, in dem er Schätze rafft?
Und nicht das Volk, das mühsam für ihn schafft?
Nicht deutsch, nicht Heimat, nur ein Fetzen Welt,
so feil, wie alles, um sein schnödes Geld!

Daß Kriegsvorbereitungen und Kriegführung eng mit Nachfrage und Angebot, Produktion und Absatz verbunden sind, sagt *Peter Schlemihl* seinen Lesern auch in *Handel und Wandel*: »Die Herrn Kommerzienräte tun nicht mit, / sie dürfen sich für ihre Enkel schonen / und schöpfen aus dem Krieg noch Überschuß, / denn auch der Feind braucht Flinten und Kanonen. / So kommt die Waffenindustrie in Fluß.«

Alle Zeichen des *März* sind auf Verständigung gestellt. Alle Zukunfshoffnungen Thomas sind auf Verständigung gerichtet. Und so ist es keine Übertreibung, wenn er Langen schreibt, er halte den Schriftsteller Anatole France (der für europäische Einigung plädiert) für seinen Landsmann,

Simpl-Thema: Preußentum (Zeichnung: E. Thöny)

den deutschen Kriegsspekulanten Wörmann dagegen nicht.

Wider Erwarten verkauft sich das anspruchsvolle Programm des *März* erfreulich gut. Noch im November 1906 hatte Thoma in seiner Gefängniszelle geschrieben: »Ein großer Erfolg wird es nie, und wenn Langen viel verliert, wird er mir nicht mit Unrecht Vorwürfe machen.«

Doch Langen hat wieder einmal den richtigen Riecher gehabt, und schon am 15. Februar des folgenden Jahres kann Thoma konstatieren: ». . . die liberal-demokratische Bewegung ist Wasser auf unsere Mühle.« Der *März* macht Auflage.

Wir schreiben das Jahr 1907. Das Jahr, in dem Thoma beginnt, an seinem Refugium *auf der Tuften* zu bauen und an seinem Rückzug aus der Gesellschaft zu arbeiten. »Ich habe schon vier Linden setzen lassen und zwei Nußbäume.« Es ist das Jahr, in dem Thoma seit langem wieder einmal in ernste finanzielle Bedrängnis gerät und genötigt ist, ein Buch mehr zu veröffentlichen, als ihm lieb ist. Er verarbeitet die Berichte von Bauern, die 1870/71 am deutsch-französischen Krieg teilgenommen haben. »Dieses Buch ist ein Nothelfer für Hypothekenzinsen«, schreibt er an Taschner.

Es ist aber auch das Jahr, in dem seine berühmten *Filser-Briefe* im *Simplicissimus* erscheinen. Diese Epistel eines bayerischen Landtagsabgeordneten haben die größte Zustimmung und die größte Ablehnung erfahren und gehören zum Populärsten und Besten, was der Satiriker Thoma geschrieben hat. Ein Jahr später erscheinen sie in Buchform. Der größte buchhändlerische Erfolgsartikel aus Thomas Produktion neben den *Lausbubengeschichten*.

Dabei verdankt dieses Buch seine ungewöhnliche Resonanz – wie das bei Bestsellern fast immer die Regel ist – auch einigen Mißverständnissen. Das Hauptmißverständnis, dem Thoma jedoch nicht widerspricht, ist: daß dies ein Buch sei gegen Politik, Parlamentarismus, Demokratie und die Wahl von Volksvertretern.

Den pfiffigen und gleichzeitig so beschränkten Filser hat Thoma weder als Prototyp für den unfähigen Volksvertreter gewählt noch als ›Entlarver‹ parlamentarischer Gebrechen präsentiert, sondern als Kritiker der Zentrumspartei wider Willen.

Denn Filser hat eigentlich keinen Grund, die Zentrumspartei zu kritisieren. Sie hat ihn in den Landtag entsandt, sie zahlt ihm fette Diäten, sie ermöglicht ihm ein angenehmes Leben in der Landeshauptstadt München und erspart ihm das tägliche Gekeife seiner Frau.

Um so überzeugender ist es dann, wenn dieser Bierschädel ungewollt das politische Theater seiner Pfaffenpartei enthüllt, die sich dieses Theater leisten kann, weil sie – wie *Filser* sagt – »die Mehreren sind«.

Filser enthüllt, indem er lobt. Er will sich vor seinen Freunden daheim brüsten und erreicht beim Leser, ohne an Sympathie zu verlieren, gerade das Gegenteil: seine so hochgelobte Partei entpuppt sich als aufgeblasener, schönrednerischer und korrupter Verein.

Doch erfährt man das in Grenzen, denn *Filser* verfügt nur über geringe Einsichtsmöglichkeiten: erstens durch seinen beschränkten Kopf, zweitens durch seine beschränkten Möglichkeiten, am politischen Geschehen aktiv teilzunehmen. Zwar ist er Abgeordneter wie jeder andere. Doch gibt es in der Zentrumspartei »Abgeordnete und Abgeordnete«. Solche, die reden und entscheiden dürfen. Und solche, die das Maul halten müssen und nur Geräuschkulisse spielen dürfen.

Daß im *Zentrum* für die Bauern nichts getan wird, daß nur geredet und nicht gehandelt wird, hat auch der Andreas Vöst im gleichnamigen Roman gesagt. Sicher ist das von den meisten überlesen worden, so wie jetzt in den *Filser-Briefen*. Erst nach dem zweiten Filser-Band, der 1912 erscheint, wird die *Zentrumspartei* zu massiven Angriffen auf Thoma ansetzen. Vorläufig hält sie sich zurück.

Langen freut sich. Seit die *Filser-Briefe* im *Simplicissimus* erscheinen, steht die Auflage bei 100000 Exemplaren. Und seine Teilhaber freuen sich mit.

Thoma und Marion haben alles beisammen, was das Standesamt braucht. Hirth fungiert als Trauzeuge.

Am 21. Januar 1908 – es ist sein Geburtstag – schreibt Thoma an seinen Freund und Rechtsbeistand Konrad Haußmann nach Stuttgart: »Mein liebes Haus in Tegernsee ist außen längst fertig; und braucht innen nur noch weniges. Alle Öfen sind schon gesetzt, alle Böden gelegt. Am 1. Mai ist es fix und fertig. Mir tut es damisch wohl, darüber nachdenken zu müssen, welche Kühe ich anschaffe, wo ich heuer Kunstdünger streue oder welche Hühner die meisten Eier legen. Darin liegt eine Unendlichkeit von Ruhe und Vernunft und Natur. Es ist etwas Positives. Was bemerkenswert wohltut im problematischen Arbeiten und Spintisieren.

Ich kann Dir nicht beschreiben, wie sich sogleich meine Seele breit und behaglich rekelt, wenn ich mit dem Bauern Heiß oder Huber über Interessen rede, die ich mit ihm nun endlich gemeinsam habe.

Der Tuften-Hof

O du allein selig machender Misthaufen, wenn dich nur erst die Kühe pfundweise vermehren, und wenn nur endlich die Hühner auf dir herumkratzen! An seinem Duft will ich gesund mich baden.«

In dieser Zeit denkt er nur ungern an die Redaktionen *Simpl* und *März*. Seinem Freund Taschner prophezeit er: »Noch zwei Jahre März, bis ich das Häusel möglichst schuldenfrei habe, dann können sie mich. Ich verplempere bloß die Zeit mit lauter dummem Politisieren.«

26. März, Thoma an Taschner: ». . . in vierzehn Tagen brüllen die Kühe und gackern die Hennen, und ich werde

den ersten Stallmist so feierlich ins Freie begleiten, wie keinem König sein Dreck begleitet wird.«

19. April, Thoma an Taschner: »Fertig! Der letzte Nagel ist eingeschlagen, und wie es jetzt so unglaublich nett und sauber aussieht, muß ich Dir, lieber Natzi, den herzlichsten Dank sagen für Deine Hülfe, durch die mein Häusel so geworden ist.

Die Perle ist das Eckzimmer. Nudelsauber. Wie die alten Biedermeier drinstehen, das ist schon eine Pracht.

Dazu der pompöse Lüster. Es sieht so vornehm aus, daß ich mich ab und zu frage, ob es eigentlich wahr ist, daß mir das alles gehört.

Die Diele ist für sich ein Schmuckkastl, aber dann die Bauernstube oder Jagerstube! So was von lieber Gemütlichkeit. Die Geweihe und Krucken machen einen Spektakel in dem niedern Raum, wirken ganz anders wie in München. Und das blitzt so hell und weiß in die Fenster, und die Decke liegt breit und behaglich über der Stube, und im Riesenofen kracht es.

Denn wir haben nach vier herrlichen Frühlingstagen heute am Ostersonntag wieder Schnee.

Das Schlafzimmer Marions, das große Fremdenzimmer, lauter Kleinode, der Flötz im ersten Stock hell und breit. Dann oben mein Arbeitszimmer. Sehr schlicht gehalten sieht es aus, wie eine alte Tübinger Professorenstube.

Wundervoll!!

Im Stall stehen drei Kühe, ein Kalbl.«

Marion opfert in diesen Monaten ihre ganze Kraft für das *Starenhäusel*, wie Thoma den *Tuftenhof* gelegentlich nennt. Und sie beweist enorme Ausdauer und viel Geschick. Da müssen Gemüsebeete angelegt werden, Hüh-

Thomas »Bauernstube«

nerställe und Milchwirtschaft beaufsichtigt, die Keller inspiziert, sortiert und gerichtet werden. Marion kümmert sich um die Butterbereitung, stellt Personal ein, konserviert Obst und Gemüse, zählt die Wäsche, kontrolliert Glas- und Porzellanlieferungen und sitzt bis tief in die Nacht an der Nähmaschine, um, unterstützt von einer Frau aus dem Dorfe, Gardinen und Vorhänge zu nähen.

Ihren aufmerksamen Blicken entgeht nichts. Mit Geschmack und Tatkraft ordnet sie jeden Winkel und wischt sogar von den unzähligen Zimmerpflanzenblättern, säuberlich, Blatt für Blatt, den Staubschleier ab, bis alles glänzt. Selbst die erfahrensten, selbstbewußtesten Dienstboten, die der »Mohrin« zunächst skeptisch begegneten, empfinden bald tiefste Bewunderung für die Frau Doktor.

Noch einen zweiten Menschen, der ihm nahesteht, hat Thoma von jetzt an täglich um sich: seinen Lieblingsbruder Peter.

Peter Thoma ist drei Jahre älter, hat als Matrose die halbe Welt gesehen und sein Glück als Fischer und Kaufmann in Australien versucht. Doch kehrte er so arm, wie er losgefahren war, nach Deutschland zurück.

Thoma gibt dem hageren, schweigsamen Mann ein neues Zuhause, indem er in der Nähe von Tegernsee ein Jagdrevier pachtet und ihn als Jagdaufseher anstellt. Gleichzeitig fungiert Peter Thoma als Hausverwalter. Nach Feierabend geht er ins Dorf, wo er ein möbliertes Zimmer bewohnt.

Am 1. Mai 1908 veranstaltet Thoma ein Fest zur Einweihung seines Hauses und schreitet mit seinen Freunden und Gästen das Terrain ab. Es ist wirklich ein wundervoller Besitz – wie Thoma sagt: am schönsten Platz im ganzen Tegernseer Land.

Das Haus liegt unter dem Riederstein; im Süden sieht man den Wallberg, das Rottacher und Kreuther Tal, im Westen den Tegernsee und Rottach, im Osten das Enterrottacher Tal, und im Norden ist der *Tuftenhof* durch steile Höhen völlig windgeschützt. Thomas Festgesellschaft ist tief beeindruckt. Zum Dank erschreckt er sie durch Feuerwerkskörper – eine Leidenschaft, die er nicht ablegen mag, obwohl er einsieht, daß sie für einen 41jährigen einigermaßen kindisch ist. Einige Jahre später wird er Böllerschüsse in die Luft jagen, die wesentlich bedenklicher sind.

Simpl-Thema: Germanen (Zeichnung: E. Thöny)

Um seine Hausschulden bei Langen zahlen zu können, bald zahlen zu können, muß er die Arbeit an seinem Lustspiel vorantreiben. Es gedeiht zwar nach Wunsch, doch nicht ganz so schnell, wie er sich das vorgestellt hat. Immer wieder tauchen Schwierigkeiten auf. So schreibt er am 20. Juli an Ludwig Ganghofer: »Die Luderarbeit ist schwer. Ich darf über einen Stoff nichts Altes sagen, der in hundertfältiger Weise besprochen ist. Ich muß immer neue Gedanken finden und das Selbstverständliche in anderer Form geben. Manchmal schwitze ich große Tropfen ...

Die Schablone steht drohend vor mir, und ich zerreiße Bogen um Bogen ...«

Und am 9. August schreibt er, wieder an Ganghofer: »Du bist mir nicht bös, wenn ich nicht komme? Ich darf meine Arbeit nicht unterbrechen ... Unterbreche ich, dann verliere ich Zusammenhänge, die notwendig sind, um mir die Freude zu erhalten. Was ohnehin nicht ganz leicht ist, weil ich über dieses Lustspiel weg will, um was Besseres anzupacken.«

Doch am 22. September kann Thoma, der nun doch zu Ganghofer gefahren ist, an Marion melden: »... ich habe meine Kumedi fertig und feile sie noch durch. Ungefähr 5.–6. Oktober ist sie fix und fertig. Dann wird ein Monat gekraxelt, gejagert ...« Das schreibt er, während er bei Ganghofer kraxelt und jagert, ohne Rücksicht darauf, daß Marion allein auf der Tuften sitzt und sich keineswegs darüber freuen kann, daß sie einen weiteren Monat allein sein soll.

Aber das sagt sie nicht. Sie freut sich an seiner Freude über die gelungene *Moral* – ein Stück, dessen Entstehen sie von Anfang an miterlebt hat.

Es enthält fast lauter *Simpl*-Karikaturen, ohne im Geist der Karikatur steckenzubleiben: Sittlichkeitsapostel, die gegen das sündhafte Treiben einer Prostituierten namens Madame Hauteville protestieren, aber alle in ihrem Notizbuch stehen. Einer zeigt sie aus Gewissensgründen an, anonym, und bringt seine Mitbürger dadurch in ärgste Schwierigkeiten. Als noch dazu bekannt wird, daß die Dame Kundschaft aus Hofkreisen empfängt, zahlt ihr der Sittlichkeitsverein 15 000 Mark Schmerzens- und Reisegeld im Interesse der Sittlichkeit.

Thomas Leser treffen vertraute *Simpl*-Typen wieder: den phrasengespickten Germanen zum Beispiel, den regierungstreuen Mitläufer, den national-liberalen Kapitalisten, den Polizeiassessor, der bei Fremdwörtern sagt: Hier wird ehrliches Deutsch gesprochen! und den Professor, der das Mark des deutschen Volkes erhalten will.

Über diese Art von Deutschtümlern war schon 1901 in einem *Schlemihl*-Gedicht zu lesen:

... Beim Wotan! Deutschlands grimmer Sohn,
der Hermannsenkel, der Teuton,
der kriegt vom Froste keine Beul!
Heul!
Die Brust ist weit, der Arm ist stark,
die Knochen füllt das deutsche Mark;
ein welscher Hund ist, wer sich putzt,
wer Haar und Bart sich zierlich stutzt,
wer sich mit Redensarten spreizt
und sich nicht in die Finger schneizt.
Das Geckentum ist mir ein Greul.
Heul!

Ich schreite kühn, hussa! hoiho!
Mit langem Schritt aus dem Büro,
ich saß den ganzen Tag am Tisch
und schrieb so manchen Tintenwisch.
Das Met-Horn her! Versinkt das All,
dann tausch' ich selig in Walhall
den Federhalter mit der Keul.
Heul!

Bekannt ist den Lesern des *Simplicissimus* auch der Polizeipräsident, der aus dem belastenden Notizbuch nur die »wissenswerten« Namen hören will, der nicht abgeneigt ist, wegen »der Rücksicht auf das gutgesinnte Publikum« und »des staatserhaltenden Prinzips« einen Prozeß zu verhüten.

Thomas Sympathien gehören in diesem Stück eindeutig der Kokotte, die sich auf zynische Weise mit der Polizei und den Sittlichkeitsvereinen solidarisch weiß: »Wenn die öffentliche Tugend ihren Kredit verliert, fällt die heimliche Sünde im Kurs«.

Außerdem präsentiert er, wie in den *Witwen*, wieder einmal einen sympathischen Juristen, den Justizrat Dr. Hauser. Der lästert zum Beispiel: ». . . die Tugend, auch wenn sie unwahr ist, bleibt das Schöne an sich und darf amtlich nicht mißbilligt werden.« Und eine vornehme alte Dame, Frau Lund, auch eine von Thoma protegierte Figur, antwortet darauf: »Darum kommt man nie aus der Verlogenheit heraus.«

Dieses Lustspiel enthält eine Fülle scharfgeschliffener Aperçus, einen zusätzlichen Reiz zur gutgebauten Handlung. So empfiehlt der Sittlichkeitsapostel Beermann, der sich keineswegs in Plattheiten ergeht, die Sittlichkeit weiterhin als »theatralische Pflichtübung« zu betreiben, und räsoniert: ». . . wenn in der Ehe die Lügen aufhören, dann geht sie auseinander.«

Und der Polizeipräsident gibt zu bedenken: »Es gibt eine Moral, über die man sich privatim sehr anregend unterhalten kann. Die darf meinethalben unbegrenzt sein. Aber es gibt auch eine öffentliche Moral, die wir zu überwachen haben.« – Die Moralapostel werden in der *Moral* treffenderweise »Hungerkünstler, die heimlich essen«, genannt, und Frau Lund, die patente alte Dame, sagt, ebenso treffend: »Die seelischen Nuditäten sind ekelhaft; nicht die körperlichen. Kein Laster ist so widerwärtig wie die Tugend, die sich vor der Öffentlichkeit entblößt.«

Sechs Jahre nach der *Lokalbahn* sieht München wieder einmal die Uraufführung eines Thoma-Stückes. Doch nicht wie bisher im Hoftheater, sondern im *Münchner Schauspielhaus*, dessen Spielplan moderner und engagierter ist. Regie führt J. G. Stollberg.

Die Münchner Premiere ist die offizielle Uraufführung, doch gelingt es dem Berliner Konkurrenten Barnowsky, das Stück genau einen Tag früher herauszubringen, mit einer sehr schlechten Hauteville, wie Thoma meint. Dennoch ist auch die Berliner Inszenierung ein Erfolg. Die *Münchner Neuesten Nachrichten* melden »unbändiges Gelächter«. Die Theaterdirektoren reißen sich um den neuen Thoma.

So hat der Erfolgsautor die Wette, die er mit Marion abschloß, längst gewonnen: Etwa zwei Jahre vor der Premiere wettete er mit ihr um vierzig Liter Tiroler, daß er mit der *Moral* das Haus auf der Tuften bezahlen könne.

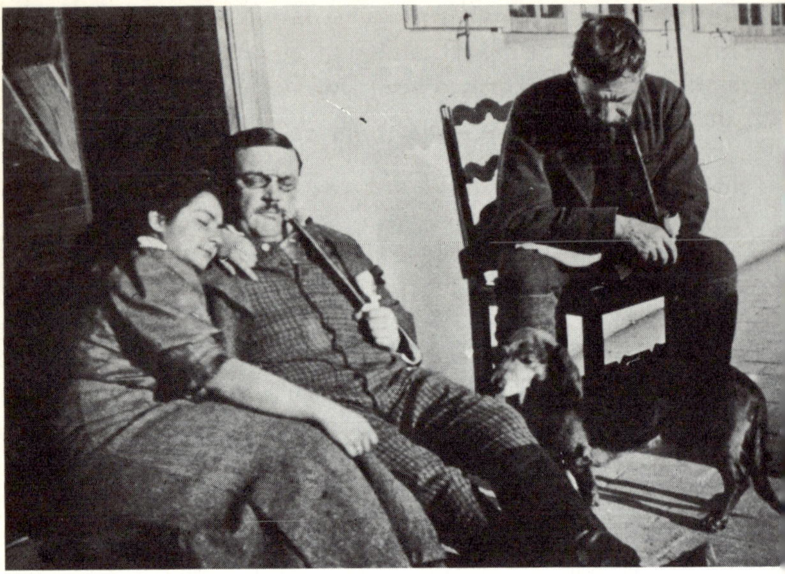

Thoma mit Marion und Thoma-Bruder Peter

Er verdient damit viel mehr als das Haus – bis zu seinem Tod weit über eine Million. Und er verdient weit mehr, als die Steuer ahnt. 1911, als er den größten Teil der Million schon kassiert hat, wird er seinem Freund Taschner freudestrahlend mitteilen, das »Rentamt« glaube tatsächlich, er habe erst 80000 dafür bekommen . . .

Seine Freude daran, die Behörden zu »derblecken«, macht eben auch vor dem Finanzamt nicht halt.

9

Im Frühjahr 1909 erwartet München die Ankunft des Grafen Zeppelin, der mit seinem Luftschiff auf dem Oberwiesenfeld landen will. Doch der Wind ist zu stark. Und so fliegt der berühmte Mann in nordöstlicher Richtung weiter und landet im Bayrischen Wald.

Langen, der unter den Zuschauern ist, springt in sein Auto und verfolgt das längliche Gebilde im offenen Wagen. Dabei zieht er sich eine leichte Mittelohrentzündung zu, die er aber nicht weiter beachtet.

Erst als er sich wenig später am Chiemsee erneut erkältet und rasende Kopfschmerzen bekommt, läßt er sich untersuchen. Doch es ist schon zu spät: eine schwere Mittelohrentzündung hat sich entwickelt, Eiter ist ins Blut getreten, eine Nierenentzündung hat sich eingestellt. Und als er einen Spezialisten hinzuzieht, kann der nur noch feststellen, daß es für eine Operation zu spät ist.

Langens Tage sind gezählt. Er ordnet seine Angelegenheiten vom Krankenbett aus.

In den frühen Morgenstunden des 30. April stirbt er, mit 39 Jahren.

Ein Jahr zuvor ist der *Simpl*-Zeichner Wilke gestorben, einer der Mitarbeiter, mit denen sich Thoma ganz besonders freundschaftlich verbunden fühlte. Und wenige Tage nach Langen stirbt auch Reznicek. Thoma weiß, daß für ihn eine Epoche zu Ende ist.

Seinem Freund Haußmann schreibt er: »Ich kann Dir's gern gestehen, daß ich in Langen viel mehr verloren habe, als ich so im Leben merken ließ, denn es ist eine dumme

Manier von mir, daß ich borstig bin gerade gegen die, welche ich sehr gern habe.

Nun haben wir uns ja sehr wohl in diesen zehn Jahren immer gut verstanden, und Langen konnte es auch an manchem Ding merken, daß er mir lieb war. Freilich, wäre mir auch nur einmal der Gedanke gekommen, daß wir, und wär's auch erst in zehn Jahren, auseinander müßten, dann hätt' ich ihn herzlich bei der Hand genommen und hätte ihm gesagt, was er für ein Prachtkerl war; denn nicht bloß seine Elastizität, seine Frische, seine Kunst des Genießens und wieder Anregens haben mich so oft aufgerichtet, vor allem seine goldklare Ehrlichkeit. Er versteckte einem nie was, hielt nie mit was zurück, sondern sagte pfeilgerade seine Meinung und hatte nicht das geringste Organ für Verlogenheit, die bedachtsam schweigt und Bitterkeiten sammelt. Nein, gerade seine Ehrlichkeit hat mich immer im Bann gehalten, und dazu seine Lebenslust.

Es war immer ein Vergnügen, ihm zuzuhören und zuzusehen, wie ihm was gefiel und schmeckte. Immer auf Lachen gestimmt. Mitten in die schwierigste Streitigkeit konnte er über ein gutes Wort losplatzen.

Wie habe ich mich an ihm gefreut während der ekelhaften Verhandlungen über die G.m.b.H. Neben den Künstlern, die alle mißtrauische Krämer und Spionenriecher wurden, sobald es ums Geld ging, stand dieser frische, stolze Kerl, der lachend eine Hälfte des Einkommens abtrat, weil's eben nicht anders ging und weil es auch nach seiner Meinung richtig war . . .

Wenn er's auch nicht gewußt hat, wieviel er mir war, ich weiß es gut und spüre es schmerzlich genug, daß mir sein liebes Lachen künftighin fehlen wird . . .

Ich halte es für unumgänglich, daß Du herüberkommst, und möglichst bald. Wir sollen über vieles reden; auch darüber, wo die Fröhlichkeit wieder einsetzen kann, denn momentan weiß ich es gar nicht und ich bin, was Langen nie war, innerlich todmüde.«

Dieser Tod kann für den *Simplicissimus* nicht ohne Folgen bleiben, auch wenn die Mannschaft noch so gut auf den *Simpl-Stil* eingespielt ist. Die fast kindliche Begeisterungsfähigkeit Albert Langens hat das Blatt jung erhalten. Doch was wird jetzt sein?

Thoma schreibt Ganghofer: »Ich gestehe mir ohne wehmütige Übertreibung, daß wir heute mehr geschäftlich als freundschaftlich zusammenhängen. Trotzdem wird es gehen.

Auch die Erinnerung ist schön für mich; an diese zehn Jahre. Anno 1899 sagte ich der Anwaltschaft Valet und probierte es mit dem Simplicissimus . . . Die Preisgabe der ›gesicherten‹ Existenz, Herrgott, wie war das lustig! Mit vollen Segeln ins Ungewisse, und nichts an Bord als einen Kopf voll von Plänen und einen ordentlichen Pack voll Freude an dieser Arbeit.

Daß dieses nun Vergangenheit ist, in so kurzer Zeit Vergangenheit geworden ist, will mir nicht in den Kopf. Ich weiß nicht, ob ich mich über den Erfolg so freuen soll; ich weiß nur, daß ich es nicht kann.

Die Tage ohne Geld, als wir vom Simplicissimus noch jeden Mittag den Kellner Josef im Café Heck anpumpten, weil wir das Bargeld sonstwie verbrauchten, waren viel, viel schöner.«

So wie das klingt, ist Thoma schon sehr weit von den guten Zeiten entfernt. Nicht nur die Jahre und der Tod von

Wilke, Langen und Reznicek trennen ihn davon. Auch in ihm hat sich einiges verändert.

Hermann Hesse gesteht er, daß er sich vor München fürchtet, vor dem Cliquenwesen, vor den Gesprächen über Kunst, Literatur und Politik. Vielleicht ist das Wort »fürchten« zu hoch gegriffen. Vielleicht sollte man nur sagen: davor graut's ihm. Auf jeden Fall bittet er Freunde, Bekannte und auch Marion mehrfach, ihn nirgendwohin zu bestellen, wo er fremde Gesichter sehen muß.

Selbst Reisen, die ihn früher aus derartigen Überdrußstimmungen erlösen konnten, helfen nichts mehr. Taschner gesteht er, aus Florenz schreibend: »Ich habe keine rechte Ruhe hier, weil ich immer an Tegernsee denke, und weil mir auch das Leben nicht paßt.

Nichts wie Cinquecento und Kunstgeschwätz von allen Deutschen, die der Teufel hier zusammenführt . . . In den Galerien stoßen mir die Madonnen jetzt schon auf wie schlechte Schmalznudeln. Je öfter ich sie sehe, desto äußerlicher und langweiliger kommt mir die Unmasse von Heiligenbildern vor.«

Und zwei Tage später an dieselbe Adresse:

»Da bin ich also in der Renässanks und habe Heimweh nach Radipflanzen und Mistbeetumdrahn.«

Selbst die ehrenvollen Reisen zu Premieren und Jubiläumsaufführungen freuen ihn nicht mehr. »Zwei Wochen bin ich in Wien gewesen und habe allmählich die ewige Gemütlichkeit satt bekommen.«

Und auch in vertrauter Umgebung schmeckt ihm kaum noch etwas, besonders wenn er seinem Ruf als *Simpl*-Satiriker gerecht werden soll: »Ich weiß nie mehr so recht, auf was ich schimpfen soll, weil mir alles Wurst ist.«

Selbst die unwesentlichsten peinlichen Überraschungen werfen ihn aus dem Gleichgewicht. »Ich hoffe, es ist endlich das *letzte* Lehrgeld!« ruft er aus, als er die falschen Blumenstöcke gekauft und wütend aus dem Boden gerissen hat.

Er will nichts mehr lernen. Und das ist immer der Tod eines Satirikers und immer der Anfang eines selbstgenügsamen Grantlers. Wer sich keine neuen Gewächse anschaut, treibt sehr bald selbst keine neuen Blätter.

Während Thoma ganz seinen Abneigungen lebt, vertrocknet an seiner Seite ein Wesen, das er sich zur Zellenerneuerung verschrieben hat: Marion ist unglücklich. Sie hat sich auf Tegernsee eingelassen, aber Thoma läßt sich nicht auf München ein.

»Ich bin aus München geflohen«, wird er später gestehen, »weil ich lachende und schwätzende Menschen nicht ertrage.«

Er glaubt, alles in sich selbst zu haben. Er muß sich nichts mehr ablauschen. »Wenn ich in Gesellschaft bin . . . sehe ich wie auf fremde Vögel, die so ganz anders pfeifen. Ich höre hinter der Unterhaltung noch mehr wie in den gesprochenen Worten. Was ist das alles leer und konventionell! Über was reden die Leute, lachen und machen wieder ernste Gesichter? Lauter dummes Zeug. Lauter Sachen, die sie zwanzigmal gesagt haben, die jeder sagt. Wenn man so viel allein ist, wird man feinhörig . . . – und dann erfahre ich in München, was dies und das kostet usw.«

Er hat keine Bedenken, Leute, die ihn sehen wollen, vor den Kopf zu stoßen. Er hat keine Bedenken, Leute, die in seinen Augen überflüssig sind, zu ignorieren. Das hält er nicht für Überheblichkeit, sondern für gerechte Selbsteinschätzung: ». . . ich halte es mit Goethe: nur die Lumpe sind bescheiden, Brave freuen sich der Tat.«

Während es Thoma früher noch für »leider nötig« hielt, Leute zu treffen, die seinem Fortkommen dienlich sein konnten, weiß er jetzt niemanden mehr, der ihn auf seinem Wege fördern könnte. Er wird, mehr und mehr aus eigener Schuld, einsam. »Lucke Brummbär« nennt er sich gelegentlich in Briefen an seine Frau.

Auch wenn er ihr zuliebe hin und wieder Festivitäten im Tuftenhof zuläßt, ist das kein Zugeständnis, denn meistens verläßt er vor Ausbruch der Festlichkeiten fluchtartig das Haus und verzieht sich in irgendein Jagdrevier.

Vor zwei Jahren schrieb Thoma an die Taschners: »Die kleine Marion ist seit 8 Tagen im Bett; heute wieder auf, aber noch ein bißchen schwach. Nichts Ernstes. Sie machte bei Klein eine leichte Operation durch, was ich Euch sub rosa erzähle, um Mama werden zu können. Bis jetzt war eine Störung oder ein Hindernis vorhanden. So unbedeutend die Operation war, ist doch Ruhe nötig.«

Nun sind zwei Jahre vergangen, und Thoma wünscht sich eine ruhige, gesetzte, mütterliche Marion. Doch Nachwuchs stellt sich nicht ein, und Marions Temperament eignet sich wenig für Beschaulichkeit.

Zunächst hält er das noch aus und berichtet heiter an den Stuttgarter Busenfreund: »Sie ist kreuzfidel und dominiert hierorts durch energischen Sport und ihr glockenhelles Lachen. Alle Tage weiß ich besser, wie wertvoll es ist, einen so natürlichen Menschen zum Gefährten zu haben. An ihr ist gar nichts verbildet und kaputt erzogen. Du kannst ihr mit einer Blume mehr Freude machen als einer Berlinerin mit der schönsten Balltoilette. Daß sie nicht einmal die

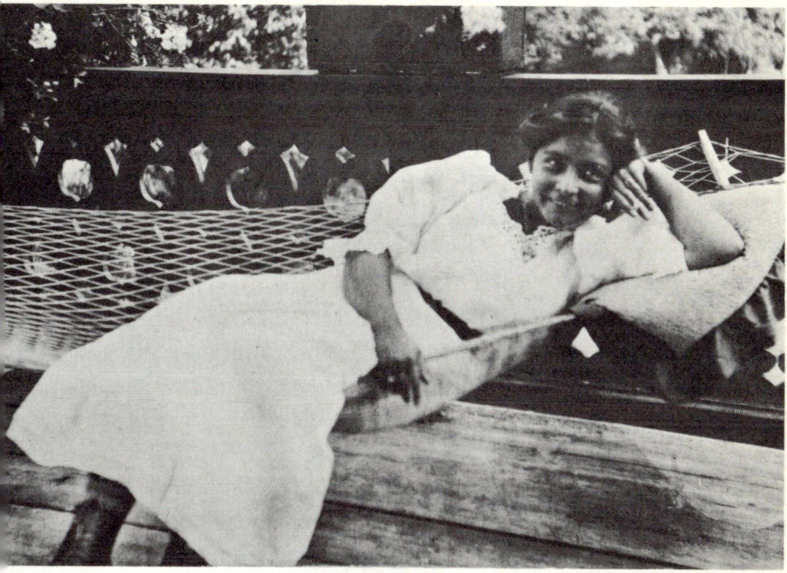

»Sonnenkind« Marion

konventionelle Lüge beherrscht, ist wundervoll. Summa summarum, wir lachen viel, und dabei ist sie so klug, meine Schweigsamkeit in arbeitreicher Zeit zu verstehen.« Doch die Zeiten, in denen Thoma mit Marion viel lachen kann, werden immer knapper. Immer öfter gibt er sich distanziert-väterlich, immer öfter nennt er sie »Kindchen«.

Er wird träge, er wird bequem. Und das, was er immer bekämpft, an sich selbst bekämpft hat, tritt ein: er wird spießig und grämlich. Und es zeigt sich, daß dazu keineswegs die konventionelle Spießbürgergegend, die Kleinstadt, vonnöten ist.

Seine kleine Frau ist zwar eine gute Frau, mit der es auszuhalten ist, doch ist sie darüber hinaus auch eine kapriziöse kleine Frau, die unterhalten werden will. Und dazu ist Thoma zu bequem geworden. Ihr Hunger nach Zärtlichkeit und Aufmerksamkeit ist ihm, wie er später bekennen wird, unverständlich. Die Laune eines kleinen Mädchens.

So schützt er auch hier, weitab von München, Pflichten vor – Männerpflichten. Zuvörderst die Jagd. »Gestern schoß ich ›im Koppen‹ einen Mordshirsch. Ich habe eine solche Freude, daß ich mir fast vorkomme wie ein glücklicher Bräutigam«, berichtet er einem Gesinnungsgenossen.

Marion hat, obwohl es ihr widerstrebt, wehrlose Tiere zu töten, Thoma zuliebe gelernt, mit einem Gewehr umzugehen. Doch dieser fanatischen Jagdleidenschaft vermag sie nicht zu folgen. Längst unterzeichnet Thoma seine Marion-Briefe nicht mehr mit »Lucke«, sondern mit »Jager-Lucke«. Und er treibt seine Verrücktheit so weit, daß er Jagdreviere beansprucht, die er gar nicht mehr ausnützen kann. So schreibt er an Taschner: »Die Tegernseer Jagd habe ich gepachtet, doch behalte ich auch die Kleinberghofer etc., etc. Ich verlange kaltblütig, daß der Verlag mitzahlt; warum sollen die Erben weniger leisten als Albert Langen, der mir doch sonst viele Gefälligkeiten tat?«

Auch wenn er daheim ist, ist er kein einfacher Lebensgefährte. Wer einige Stunden mit ihm im selben Zimmer verbracht hat, muß die Kleider lüften, denn Thoma raucht Pfeife um Pfeife – die erste morgens im Bett (wo er die Zündhölzer unterm Kopfkissen hat), die letzte ebenfalls im Bett, die er, wenn sie ausgeraucht ist, an die Bettstelle lehnt.

Nicht ganz einfach ist es auch, seinem Sinn für eherne Alltagsgesetze zu folgen, den heiligen Tarockzeiten, den Spaziergängen ins Kreuthertal, den Spaziergängen ins Rottacher Tal . . .

Thoma liebt, inmitten des streng reglementierten Bauernalltags, den streng reglementierten Tageslauf eines Kleinbürgers mit sechs Mahlzeiten pro Tag.

In dieser Zeit beschäftigt ihn das Ideal des ›strengen Hausvaters‹, und er meint, Rechtens dieses Ideal verkörpern zu dürfen; denn er hat es zu etwas gebracht (wenn auch als besitzloser Oppositioneller). Später wird er über dieses Vollgefühl sagen: »Ich halte an der alten Wahrheit fest: Wer's zu nichts bringt, taugt nichts, wer's zu nichts bringen will, noch weniger.«

Und so tritt er auch auf. Seine Angestellten in Haus und Hof behandelt er »möglichst kurz und kalt«, denn »das Gutsein ist Gift für die meisten«. Seine Grobheiten führen dazu, daß einmal kein einziger weiblicher Dienstbote mehr im Haus ist.

Erst 1911 kommt ein Geschöpf, namens Minna, das ihm bis zu seinem Tode treu bleiben wird.

»Wir suchen uns einen frauenlosen Platz«, schlägt der knurrige Hausherr seinem Freund Haußmann vor, als er sich am 1. Oktober 1909 mit ihm verabredet. Frauen waren ihm in der kurzen Zeit seiner Verliebtheit vollwertige Menschen – jetzt, als ihm Marion von Tag zu Tag lästiger wird, sind sie das immer weniger. In Briefen paßt er Marion gelegentlich in die Idylle ein. Etwa wenn er schreibt, sie sitze, mit einer Handarbeit, am breiten Ahorntisch in der Bauernstube und summe ein Lied, während er Korrekturbögen durchsehe.

Privat belegt er sie nur noch mit Tier- oder Kosenamen, die man Kindern gibt.

Als Freier hatte er geschrieben: ». . . nimm Dich in acht vor meinen Küssen, daß ich Dich nicht totdrücke . . .« Jetzt ist diese Gefahr nicht mehr sonderlich groß. Er sucht nur noch Ruhe und Behagen und schätzt die bäuerliche Sachlichkeit in solchen Dingen.

Daß er Marion einmal mit Gefühlen geplagt hat, macht er sich jetzt zum Vorwurf, erklärt er zur Dummheit. Und nicht ohne Stolz erklärt er: »Ich weiß, daß ich ein einsilbiger Mensch bin . . .«

Seiner Arbeit ist das unbefriedigende Verhältnis zunächst keineswegs abträglich. Im Gegenteil – er rettet sich in die Produktivität. »Leichtes Arbeiten, das gab mir eine innere Lustigkeit . . .« Sein Motto: »Der weise Schöpfer hat uns die Tinte als Element zugeteilt, und so können wir nicht längere Zeit ohne sie leben.« (Geständnis an Ganghofer.)

Doch Thomas Flucht in die Tinte ist nicht nur eine Flucht vor seiner Unfähigkeit, mehr als ein »Brummbär Lucke« zu sein. Sie ist auch eine Flucht vor trüben Gedanken an Marions Seitensprünge. Eines Tages fällt ihm ein Brief in die Hand, der als Beweisstück für einen Scheidungsprozeß dienen könnte. Doch Thoma beschließt, ihn nicht zur Kenntnis zu nehmen.

Schon 1908 hat Thoma in Briefen an Marion die Notwendigkeit gespürt, »die alte Behaglichkeit« zu beschwören. Sie wird sich aber wohl nicht mehr einstellen.

Viel zu oft läßt sich Marion von ihrer Sehnsucht nach leichten, lustigen Menschen in Kur- und Urlaubsorte treiben.

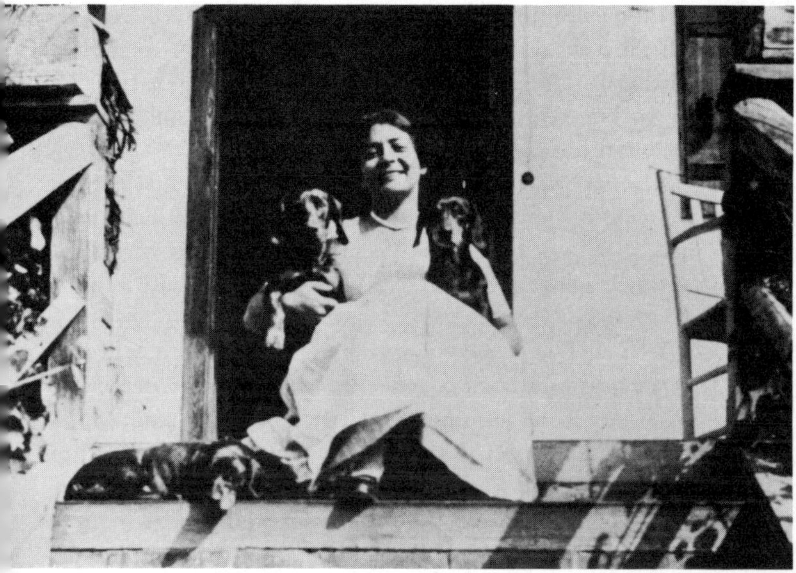

Marion vor dem Tuften-Hof

Thoma läßt sich nicht einmal dazu überreden, einige Tage an diesen Vergnügungen teilzunehmen. So schreibt er im Krisenjahr 1910 an seine Frau: »Wenn es in Kitzbühel so schön ist, bleibe ruhig, solange es Dich freut, und komme dann, wenn Du am Skifahren genug hast. Ich setze Dir gar keine Termine. Daß ich Dich in K. abholen soll, ist eine liebe Einladung von Dir, aber Du kennst mich doch schon. Ich opfere nicht gern zwei Tage, und noch unlieber ist mir die Idee, in einen Kreis von neuen Leuten zu kommen. Ich kann mich dazu immer schwerer entschließen, und so wirst Du mich schon entschuldigen.«

Immerhin entschließt er sich, mit Marion einige Tage nach Bozen zu fahren. Dann ist er wieder allein »bei seinen Büchern«. Die Zeit, als es im Tuftenhof Gesellschaften gab, ist vorbei, seit taktlose Gäste Anspielungen auf Marions lockeren Lebenswandel machten.

Thoma quält sich, ist aber nach wie vor entschlossen, Marion und nicht den guten Freunden zu glauben. »Geglaubt habe ich nichts Schlechtes«, schreibt er ihr, »aber herzlich wehe tut es mir, daß Leute dreckige Füße in unser Haus tragen dürfen.

Ich mag Dich wieder singen und pfeifen hören, will auch gerne mittun, soweit es geht. Es werden auch heitere Menschen ins Haus kommen und Leute, die was sind.«

In Stadelheim hatte er sich aus einem Buch von Ellen Key *Über Liebe und Ehe* den Satz abgeschrieben: »Die monogamische Ehe hat von der Stunde an, in der die Kirche sie als einzige Form der geschlechtlichen Sittlichkeit verkündete, der echten Sittlichkeit ebensoviel geschadet wie genützt.« Jetzt aber findet er, daß Marion ihren polygamen Neigungen – ob physisch oder nicht – zu gründlich nachgeht. Man einigt sich auf »Trennung und Freundschaft«.

»Von meiner Seite mußt Du keine Unruhe fürchten; ich habe es mir geschworen«, schreibt er, »daß ich Deine Ruhe nicht störe . . . Glaube fest daran, daß ich Dein guter Kamerad bleiben will. Von Zweifeln an der Zukunft, wie Du hier sagtest, laß Dich nicht quälen. Am Ende sind wir beide doch ein paar kluge Menschen, die ihre Wege zu finden wissen.«

Marion zieht in die Schwabinger Wohnung, die sich das Ehepaar all die Jahre hindurch als Münchner Dependance gehalten hat, und ist von nun an fast nur noch auf Reisen.

Thoma versucht, alle trüben Gedanken, die sich aus dieser Trennung ergeben, zu verdrängen. Vergebens. »Sie kommen nachts wieder hervor und stellen sich mir ans Bett und zeigen mir die Tränen eines dummen Mädels, dem ich einmal Schutz fürs Leben versprochen hatte. Und das ich nicht geschützt habe, vielleicht nicht schützen konnte gegen ihre eigene Torheit.«

Am 12. August des Jahres 1910 feiert Thoma wieder einmal eine Premiere – unter außergewöhnlichen Umständen. Sein Einakter *Erster Klasse* wird von der Bauernbühne Michael Dengg uraufgeführt, im Gasthaus *Zur Überfahrt* in Egern am Tegernsee. Regie: Ludwig Thoma. Die Handlung ist karg: Der Landtagsabgeordnete Filser als Wortführer in einem Zugabteil erster Klasse. Pointe: Ein zuerst arroganter, dann kriechender Ministerialbeamter reicht Filser, von dem er eben erfahren hat, daß er Abgeordneter ist, die Koffer.

Doch nicht das Was macht diesen Einakter zum Dauererfolg, sondern das Wie. Das Wie im Text, das Wie in der Inszenierung und das Wie der Begleitumstände. Eine Thoma-Premiere in Egern!

Die Theaterkritiker, die nicht einmal in eine mittlere Provinzstadt reisen würden, sind gezwungen, über Dorfstraßen anzureisen und in unwürdigster Umgebung ihrem Beruf nachzugehen. Eine eigens zur Premiere angeforderte zusätzliche Telefonleitung muß installiert werden, damit die Berichterstatter ihre Referate rechtzeitig an ihre Redaktionen gelangen lassen können.

Die Münchner und Berliner Theaterdirektoren lassen Thoma deutlich ihre Verärgerung über diesen Premierenort spüren.

Und der Autor ist's zufrieden.

Vor zwei Jahren noch hat er Langen bestätigt, er sei keineswegs der »bayrische Partikularist«, für den ihn die Preußen halten. Doch er hört nicht auf, diesem Mißverständnis Nahrung zu geben, mit diesem Mißverständnis zu spielen.

Und jetzt, als »einsamer Herr vom Tuftenhof«, wie er sich manchmal nennt, treibt er dieses Spiel ärger als je zuvor. Unterstützt wird er dabei von seinem Tegernseer Nachbarn, dem norwegischen Karikaturisten Olaf Gulbransson, der Thoma ausschließlich als »Bierdimpf mit Pfeife« und schließlich nach einer berühmten Thoma-Figur als »Münchner im Himmel« gezeichnet hat.

Der Müllersohn aus der norwegischen Hafenstadt Moß, sechs Jahre jünger als der verehrte *Simpl*-Chef, verdankt Thoma manche Unterstützung. Denn als er 1902, von Langen gerufen, nach München kam, erregten sein bäurisches Auftreten und seine Art zu zeichnen mehr Abscheu als Zustimmung.

Damals schrieb Thoma an Langen: »Gulbranssons Karikaturen haben mir gefallen; am meisten freute mich zu sehen, daß er wirklichen Humor hat. Und zwar den allerbesten, der tief sitzt und sich mit einer sonnenwarmen Heiterkeit gibt. Nicht die Spur von gewaltsamer Komik.

Ich glaube, daß Gulbransson eine feine Acquisition sein wird.«

Jetzt, im Jahr 1910, sitzt der massige, dickschädelige *Simpl*-Karikaturist auf dem *Scheererhof* über dem Tegernsee, nicht weit von Thoma, und zeichnet weiter an der von Thoma inszenierten Thoma-Tarnung: er zeichnet ihn als Jäger und Bauern, ohne zu ahnen (oder ohne ahnen zu

Die Verklärung: »Ludwig Thoma im Himmel«

wollen), wie wenig von dem herausgekehrten Urviech in dem Mann, den er verehrt, tatsächlich vorhanden ist.

Gulbransson gehört zu den Zeichnern, die ihre Ideen und Texte meistens von der Redaktion in München bekommen. Wie sehr er auf Lenkung eingeht und wie sehr er von Lenkung abhängt, wird Thoma im Ersten Weltkrieg einmal deutlich aussprechen.

Doch auch hellere Köpfe als der wunderbare Gulbransson ließen sich von Thomas Selbststilisierung täuschen. So urteilt Hermann Hesse: ». . . national, voll Freude am Heimatlich-Volkstümlichen, künstlerisch oft urteilslos, aber gesund, froh, jugendlich, kraftvoll, stets geneigt zu Impertinenzen gegen alle Autoritäten, aber auch zum bloßen Krakeelen.«

Aber was ist wirklich dran an dem, was Thoma nun provokativ vor sich her zu tragen beginnt?

Er muß sich sagen lassen, daß seine Lieblingsvorstellung, seine Vorfahren seien allesamt in Nagelschuhen durchs Leben gegangen, teilweise ins Reich der Romantik gehört und daß er seinen Stammbaum ein bißchen frisiert hat und zum Beispiel einen Schreibstuben-Subalternen kurzerhand in einen Forstbediensteten umgewandelt hat.

Auch sein Entschluß, als Bauernadvokat nach Dachau zu gehen, war nicht allein von der Absicht getragen, dem braven Landvolk näher zu sein. Die Künstlerkolonie Dachau bedeutete für ihn eine Absprungmöglichkeit nach München, denn München war nah und die Kontakte der Dachauer Maler mit den Münchner Malern recht intensiv.

Seine *Agricola*-Geschichten, die dort entstanden, waren ebenfalls für städtisches Publikum und nicht etwa fürs »brave Landvolk« geschrieben und wurden möglicherweise vor der Veröffentlichung im Dachauer *Zieglerbräu* vorgelesen, wo auch die Künstlergesellschaft *Stellwagen* ihren Stammtisch hatte.

Einen engeren Kontakt zu den Bauern und Forstbediensteten hat der Dr. Thoma, entgegen manchen Beteuerungen in seinen Briefen, nie gehabt. Dazu sind die sozialen Unterschiede zu groß; auch als er über Landbesitz verfügt, kommt er ihnen nicht einmal so nahe wie ein Großgrundbesitzer oder Gutsverwalter seinen Dörflern; er ist und bleibt der »Doktor Thoma aus Minga«, der sein Geld verdächtigerweise im Sitzen verdient.

Obwohl er sich einbildet, seine Bauern zu kennen, fällt er immer wieder auf sie herein: für jede Dienstleistung kassieren sie mehr, als ihnen zusteht. Und Thoma gesteht sich resigniert ein, »daß die Biederkeit den Gebirgler niemals abhalten wird, mich möglichst viel Lehrgeld zahlen zu lassen«.

Gut nachbarliche Beziehungen stellen sich auf der Tuften nur zwischen den Bauern-spielenden Städtern her. Die ›Bauern‹, die ihm bei der Heumahd helfen, sind Mitglieder des Bauerntheaters Michael Dengg.

Dabei war das, was er gern »Heimkehr in die Welt seiner Jugend« nannte, keineswegs die Heimkehr in eine vertraute Welt. Die Zeit ist weitergegangen. Die Dörfer sehen anders aus. Darüber hinaus haben sie nie so ausgeschaut, wie er sich das in Schwabinger Jahren bis zur verstiegensten Romantik ausgemalt hat. So muß er, unterstützt vom akademischen Bildhauer Ignatius Taschner, das Altbairische, das ihm vorschwebt, aus Zeitschriften und Museen für sein Tuftenhaus zusammensuchen und rekonstruieren.

Und groteskerweise konnte er sich das nicht in Altbayern zimmern lassen, sondern ausgerechnet nur bei einer Schwabinger Firma, der Firma Holzmann in der Nordendstraße 22.

Die meisten seiner Lederhosen-Freunde sind Großstädter, und auch seine Lieblingsgäste, die Zither- und Klampfe-Spieler Edi und Paul Kiem, sind Münchner ›Asphaltkinder‹, die in die bayrische Tracht geschlüpft sind, weil man in oberbayrischen Fremdenverkehrsorten mehr verdient als in Münchner Volkssängerlokalen.

Übrigens liegt Thomas Hof auf einem Münchner Prominentenhügel: hinter ihm residiert Professor Dr. med. Johann Rückert, Anatom, Geheimer Hofrat und Mitglied der Bayerischen Akademie der Wissenschaften; neben ihm steht die Villa des Grafen Zech.

Ungeachtet dessen versucht der große Realist sich ein einfaches Leben vorzuspielen, sich seine Welt eng zu machen. Wenn die Illusion blasser wird, unternimmt er verstohlene Auslandsreisen.

Zurückgekehrt, genießt er dann wieder das ›Joppenleben‹ und beschwört die altbayerische Lebensfreude. Aber beschwört er dabei nicht die Lebensfreude überhaupt? Die verlorengegangene Lebensfreude?

»Die Lähmung nach Langens Abgehen, die Unzufriedenheiten mit den jetzigen Zuständen im Simplicissimus sind überwunden und ich hoffe wieder, das alte Viech zu werden mit einiger Abklärung«, schreibt er an Ganghofer.

Ein Viech will er sein, kann er nicht sein. Und den Künstler in sich verachtet er.

10

Zu Anfang des Jahres 1911 ist die Scheidung eine beschlossene Sache. Thoma dichtet für den Kiem-Pauli ein *G'stanzl vom Deandl-Ausprobier'n* und empfiehlt darin im Dreivierteltakt, jedes Mädel auszuprobieren, wenn »ma's allabest – allabest möcht«. Das Lied erlebt seine Uraufführung am breiten Ahorntisch in der Bauern- und Jägerstube des Tuftenhauses.

Thoma verkriecht sich dort und stößt alte Freunde vor den Kopf. So sieht er sich genötigt, am 28. Januar dem verstimmten Ganghofer einen erklärenden Brief zu schreiben: ». . . daß ich scheu bin, gegen Worte nicht minder wie gegen Blicke, gegen Erinnerungen und gegen viele Leute, das ist wahr.« Das habe aber nichts mit ihrer Freundschaft zu tun.

Am ausführlichsten spricht er sich über die bevorstehende Scheidung jedoch nicht dem Warner Ganghofer gegenüber aus, sondern gegenüber Taschner:

»Wir gehen in herzlicher Freundschaft auseinander. Ich bin weit davon entfernt, die Schuld auf Marion zu schieben. Ich, das heißt mein Naturell, meine Arbeit, meine Unlust an allem, was Gesellschaft heißt, meine Launen haben nie gepaßt für eine kinderlose Ehe, und ein lebenslustiges Frauenzimmerchen. Alles andere, was man mit sittlicher Gehobenheit sagt, ist Schmarrn.

Ich bin Euch tief verpflichtet, und wenn etwas meine herzliche Freundschaft noch hätte vermehren können, wäre es Euer Schweigen gewesen.

Ihr glaubt gar nicht, wie eifrige Fürsorge in den Ohren

schmerzt, wenn man doch nichts hört, als was man schon weiß, und Ratschläge kriegt, die man doch nicht befolgt. Ich bitte Euch, wo und wann sich's trifft, freundlich gegen die arme kleine Marion zu sein. Sie lauft den Sonnenstrahlen nach, weil sie nun einmal so ist, und wird viel zu spät sehen, daß sie nichts in den Händen hat.

Was es heißt, keine Heimat zu haben, wird sie viel später einsehen.

Selbstredend ist für sie sehr gut gesorgt, selbstredend bleibe ich ihr ein Freund und will meine Hand über sie halten, wo ich kann.

Aber was ist das noch?

Nun reden wir nicht mehr davon und geben auch niemand Aufschluß.

Euch konnte ich es sagen; sonst wird niemand von mir je ein Wort hören.

Vor allem kein zorniges.

Der Winter ist so still und schön und klar wie noch keiner, den ich erlebt habe. Ich turne viel, und das hält mich gesund und frisch bei der Arbeit.

Wenn die fertig ist, will ich ein wenig unter Menschen gehen; ich plane immer einen kurzen Besuch in Berlin.«

Der Nachsatz heißt: »In Briefen an Peter erwähnt nichts von Marion. Er weiß nichts und erfährt es früh genug.«

Nicht mehr darüber reden. Das hat er sich gewünscht. Doch so einfach ist das Thema nicht abzuschließen. Sechs Tage später schreibt er schon wieder an Professor Taschner in Berlin:

»Marion und ich, wir sind heute bessere Freunde als seit langem; gerade *weil* wir uns trennten. Sie ist natürlich, wie sie in alter Zeit war; es liegt nichts zwischen uns, was sich beim Reden versteckt und Spitzen hat. Die Offenheit tut uns beiden wohl und wir sagen uns, daß unsere Ehe ein Irrtum war. Ich kann Dir versichern, lieber Natzi, und Dir, liebe Helene, daß ich in meiner jetzigen Herzlichkeit zu Marion den Trost finde für manche törichte Laune, mit der ich sie einmal gequält habe.

Ich war in meiner Ehe ein Oberlehrer und Grandlhuber und habe ihre Zärtlichkeit so oft abgewehrt, bis ich sie erstickte.

Jetzt bin ich als freier Mensch ihr herzlicher Freund, und was mir weh tut, zeige ich ihr nicht, sondern gebe mir Mühe, ihr alles leichter zu machen. Ich wäre unglücklich geworden, wenn ich die moralische Stärke verschiedener Freunde in München mir hätte aufreden lassen; der Gedanke, daß die arme Marion in irgendeinem Winkel der Welt weinen müßte, hätte mir jede Lust und Freude an der Arbeit für immer genommen.

Ich habe ihr viele Tränen in der Ehe verursacht und habe kein Recht, sie auch jetzt noch zu quälen.

Das ist mein Trost, daß ich taub war gegen die dreimal verdammte Tugendboldigkeit. Dafür kann ich nichts, daß ich kein Ehemann bin und zu ernst bin für tägliche Fröhlichkeit. Aber den ›starken Mann‹ habe ich nicht gespielt, um schön dazustehen bei der ganzen Bande, die sich für mich und gegen Marion die Zungen ausgekegelt hat.«

Im selben Monat übernimmt Marion die Schwabinger Wohnung und ist seitdem viele Tage im Jahr mit Josefine Langen zusammen. Thoma: »Das gab dann einen Umzug in München, Möbel von dort nach hier und von hier nach München etc., etc.

Kein sehr heiteres Geschäft, aber ich bin nicht sentimental dabei, und ist Marion froh, ihre eigene Herrin zu sein, so bin ich wieder ein ziemlich behaglicher Junggeselle.

Was eigentlich am besten zu meinem Naturell paßt. Obwohl vermutlich etliche Ganghoferinnen verschiedene ›ächte‹ Glückszustände für mich wüßten.

Allein, der Kopf hat mir bloß einmal brennend werden können . . .«

Thoma bleibt für sich, und Freund Ganghofer muß weiterhin auf seinen Pürsch-Genossen verzichten. »Ich vertrage die verständnisinnigen Augen der Frau Thinka nicht . . .«, gesteht er den Taschners.

Die schwierigste Situation, der er sich seit langem gegenübersieht, bewältigt er, wieder einmal, durch die Flucht in die Produktivität. Er schreibt eine umfangreiche Erzählung, die zum Schönsten gehört, was er je geschaffen hat – *Der Wittiber*. Als verwitweter Bauer sieht er sich – nicht als der verlassene Mann eines »lebenslustigen Frauenzimmerchens«. Er erzählt die Geschichte eines Fünfzigers, der plötzlich überflüssig zu sein scheint. Seine Kinder möchten, daß er ihnen den Hof überschreibt, ehe er Dummheiten macht, das heißt: in seinem Alter noch eine Ehe eingeht. Das Leben beschert ihm dann eine Dummheit, von der er nichts hat: betrunken läßt er sich mit einer Magd ein. Seitdem haben er und das Mädchen (an welches ihn nicht das geringste Gefühl bindet) keine ruhige Minute mehr. Mit äußerster Kraft gelingt es ihm, seine Würde und Autorität zu wahren. Das Mädchen wird in den Tod getrieben.

Die Arbeit an dieser Erzählung, die schließlich den Umfang eines Romans gewinnt, hilft Thoma, über seine Depressionen hinwegzukommen. An Haußmann schreibt er:

»Meine Bauerngeschichte – Roman ist kein Wort dafür – wächst und kommt in den Saft wie ein gut gesetzter Apfelbaum. Die Vorzüge, die Du einmal im ›Vöst‹ gefunden hast, sind vielleicht gesteigert, die Fehler vermieden.

Es läuft nichts nebenher, und jede Tendenz ist vermieden. Eine Menschengeschichte.

Phrasenlose Leidenschaften, die sich durchaus echt entwickeln und sich steigern ...

Die Geschichte wird von selber größer als ich wissen konnte, aber ich hoffe, in vier bis fünf Wochen fertig zu sein. Manchmal schreibe ich ein Kapitel in ein bis eineinhalb Tagen, manchmal brauche ich eine Woche dazu ...«

Kurz darauf kann er melden, daß er in acht Tagen »das Bauernmensch Creszenzia« (die Magd) im Heuboden aufhängen werde und sich dann unverzüglich an die Vorverkaufsverhandlungen mit den *Münchner Neuesten Nachrichten* machen müsse.

Besonders ausführlich berichtet er Taschner über den Fortgang der Arbeit, denn der soll die Vignetten dazu zeichnen. Überhaupt schließt er sich in dieser Zeit dem Berliner Professor enger an als allen anderen: er ist der einzige, der sich nicht durch gute Ratschläge in Herzensfragen unbeliebt macht und sich Thomas Bitte um Diskretion willig unterwirft.

Doch auch Marion gegenüber hüllt sich der Verlassene keineswegs in Schweigen. Am 1. Mai dieses Jahres 1911 fordert er sie, nach einer Denkpause, nachdrücklichst auf, sich jederzeit ihm anzuvertrauen:

»Schreibe nur, dann hast Du immer jemand, dem Du trauen kannst, und Du weißt ja, wenn Du zurückkommst, ist hier immer ein Platz für Dich.«

Und schon zwei Tage später: »Als Dein treuer Kamerad und Freund kann ich Dir jetzt lustige Unterhaltung wünschen und mich dann freuen, wenn Du kommst und mir erzählst.

Als gestrenger Ehemann ist man nicht so vernünftig, sondern glaubt, daß man überall Pflichten verlangen muß. Das ist die Dummheit von der Ehe, und man ist auch dem Geschwätz der Leute ausgesetzt . . .

Ich finde es eigentlich ganz schön, daß ich mich isoliert habe und jetzt tun kann, was ich will, ohne von guten Freunden Ratschläge zu kriegen, die ich doch nicht befolge. Auch für die Arbeit ist ein Segen, daß ich keine Gesellschaft mitmache.«

Ab und zu sehen sich die beiden, und mehr und mehr stellen sie fest, daß sie gar zu sehr verschiedene Charaktere und Naturen sind. Thoma behauptet dann immer, daß ihn diese Einsicht nicht traurig mache.

»Hie und da gibt es Stunden, wo ich mir denke, es wäre schöner gewesen, eine bescheidene Frau und gesunde Kinder gehabt zu haben. Aber ich gestehe mir ehrlich ein, daß ich unruhiger, einsiedlerischer Mensch auch für ein ruhiges Frauenzimmer nicht gerade der Beste gewesen wäre. Und wahrscheinlich hätte ich mich unwohl gefühlt, wenn das Familienleben recht herzig geworden wäre.«

Bei allem ist er herzlich froh, daß er den Ehetips wohlmeinender Freunde damals nicht gefolgt ist, die ihm empfahlen, durch eine Ehe gute Beziehungen zur guten Gesellschaft und zu Geldleuten anzuknüpfen.

»Ich sehe jetzt eine stille Zukunft vor mir, ein Leben genauso, wie ich es mag. Manchmal einsam, aber trotz alledem frei und ungebunden. Ich glaube, daß Marion immerhin vernünftig leben wird und daß mir da nicht allzuviel Sorgen heranwachsen. Denn sie schlecht zu behandeln oder als Fremde zu betrachten, vermag ich nicht.«

Der Dialog geht weiter, und Thoma unternimmt alles, um Marion einen gelegentlichen Aufenthalt im Tuftenhaus schmackhaft zu machen. ». . . das Haus ist so sauber beisammen, daß es Deiner Schule keine Unehre machte«, schreibt er. Hofft er, daß sie dieses Haus zum Teil noch als ihr eigenes ansehen kann?

Thoma ist einsam, und seine Marotten nehmen zu. Jetzt avancieren seine Hunde zu den wichtigsten Hausbewohnern. Er beschäftigt sich Jahre hindurch mit ihrem Seelenleben und läuft Gefahr, ihre Gesellschaft dem Umgang mit Menschen vorzuziehen.

In ihm ist eine große Unruhe, die sich durch Jagen, Tarockieren und Eisstockschießen so wenig besänftigen läßt wie durch Schreibtischarbeit.

»Meine geselligen Fähigkeiten schrumpfen immer mehr zusammen; sie langen zu einem gescheiten Glas Wein mit wenigen Freunden und zu einer Maß Bier, Ellenbogen an Ellenbogen mit meinen Bauern.«

Am 31. März 1911 ist er dann doch zu einer Parisreise entschlossen, wenn auch mit Vorbehalten: »Drei Wochen genügen am Ende auch, um Heimweh zu kriegen.« So äußert er bereits wenige Tage nach seinem Eintreffen in Paris auf einer Postkarte an die Taschners bitterstes Heimweh: »Ein altbayrischer Radi wachst bloß auf eignem Grund.«

Drei Tage später lesen die Berliner Freunde: »Mitterndorf ist schöner als Paris trotz der *femmes du monde* und allem Teufelszeug.«

»Und eine Woche später (Thoma ist wieder am Tegernsee): »Es ist alles Schwindel. Bloß die Arbeit und die Jägerei sind ächt ... Mich interessiert wirklich ein Rosenstrauß hier mehr als die schönste Dame in den Champs-Elysées.«

München wirbt um den Erfolgsautor. Vergeblich. Er vergräbt sich in die Arbeit. Seine Hoffnung: ein neues Stück. »Haltet mir die Daumen, daß ich die nächsten vierzehn Tage einen guten Weg finde und den Berlinern was vorsetzen kann. (Zum Geldverdienen sind sie ja recht und nett.)« schreibt er Ignatius und Helene Taschner.

Das große leere Haus droht ihn zu verschlucken, und immer öfter denkt er daran, den Tuftenhof zu verkaufen. Doch ist das nicht so einfach. Sobald seine Absicht bekannt wird, werden Gerüchte umgehen, die ihm das Leben doppelt schwer machen.

Die offizielle Scheidung vom 30. Juni 1911 wird zunächst geheimgehalten. Doch wird das gelingen, wenn das Haus auf der Tuften zum Verkauf ausgeschrieben wird?

Thomas Gedanken kreisen unablässig um dieses Problem. Eine Lösung muß gefunden werden, denn er ist nicht bereit, in diesem wuchtigen Bau, in dem ihn jedes Eckchen an glückliche und unglückliche Jahre erinnert, auszuharren. »Es ist, kurz gesagt, nicht mein Haus, das zu mir paßt. Es war für Landaufenthalte, Besuch und Protzerei, nicht für stille Arbeit und Behagen gebaut ...«

Dennoch wird es der Heimatlose, Heimatsuchende nie fertigbringen, seinen Besitz aufzugeben. Auf der Tuften wird er sterben.

Um leben zu können, rettet er sich in die Arbeit, rabiater als in jungen Jahren. Damals erkaufte er sich für Arbeit Prestige und Freiheit, Ruhm und Reisen. Nie verarbeitete er seine gegenwärtigen Probleme sichtbar zu Literatur.

Doch jetzt, zurückgeworfen auf sich selbst, weniger unternehmungslustig, weniger durch Zerstreuung zu befriedigen, betätigt er sich mehr und mehr autobiographisch und gibt das – seit dem *Wittiber* – sogar in Briefen an Freunde zu. Zu den Arbeiten, die er öffentlich als autobiographisch einstuft, gehört auch die Tragödie *Magdalena*, eine Arbeit, von der er viel mehr noch als von dem *Wittiber* erhofft (dem ganz ungerechterweise doch nur ein mittelmäßiger Erfolg beschieden ist). Die *Magdalena* soll eine neue Phase seines Schaffens einleiten.

In diesen Wochen redet er nur mit Taschner. Und Taschner korrespondiert fast nur mit ihm. Ein Austausch freundschaftlichster Aufmerksamkeiten. Thoma warnt Taschner davor, sich beruflich zu überanstrengen. Und die Taschners antworten besorgt, er dürfe sich keineswegs seiner Einsamkeit überlassen. »Das Haus ist zu groß – zu groß für Dich allein, aber hast Du es einmal nimmer, so wird es doch nicht besser!«

Am 30. Juni 1911 schreibt Taschner: »Lieber Ludwig, Du mußt auch mal aus Dir raus, denn man fühlt es ja doch, daß Dich was bedrückt, und mir kannst Du es ruhig sagen . . .

Auf die Leute würde ich pfeifen, aber man muß es so machen, daß man doch als feiner Kerl dasteht. Vor allem vor sich selber.

Ich kann es sehr gut verstehen, daß Dir Dein großes Anwesen ganz allein ungemütlich wird, doch ist dies auch nur vorübergehend, denn es kommt sicher was daher und verändert die Lage; die Sache ist nur noch nicht reif . . .«

Thoma geht auf den Vorschlag, eine Aussprache anzuberaumen, ein und tröstet sich bei dem Gedanken an ein derart schwieriges Vorhaben mit der Möglichkeit, die Begegnung hinauszuschieben. Tatsächlich findet das Gespräch erst 1912, im Dezember, statt.

Wichtige Ereignisse des Jahres 1911: Thoma hat Schwierigkeiten, eine Zeitung für den Vorabdruck des *Wittiber* zu finden. Er beginnt ein Schauspiel – *Die Sippe* – das ihm den ersten deutlichen Mißerfolg seiner Laufbahn bescheren wird. Es ist ein Stück, in dem er sich ausdrücklich nicht als Satiriker zeigen will. Den Stoff schildert er Haußmann am 17. Juli dieses ereignisreichen Jahres:

»Milieu: Bürgerliche Gesellschaft, kein Dialekt, keine Sentenz.

Eine Malerin, lieber heiterer Mensch, hat einen wohlhabenden Bourgeois geheiratet. Verwandte und Freunde haben es nicht gebilligt.

Nach drei Jahren ist das Strohfeuer des Bourgeois erloschen, er fühlt diese und jene Unannehmlichkeiten, ist übler Laune, schon deshalb, weil er nichts tut und das elterliche Anwesen einem Verwalter überläßt.

Die Ehe ist kinderlos, die Frau, offen eine Künstlernatur, paßt gar nicht zu dem Spieß. Aber aus nicht ganz klaren Verhältnissen herstammend, hat sie dem verliebten Mann seinerzeit Vertrauen geschenkt, hat ihn geheiratet und ist ihm treu geblieben. Er sucht stets in ihrer Vergangenheit üble Dinge, die es gar nicht gegeben hat.

Nun kommt nach drei Jahren ihr Vater zu Besuch. Ein Schwimmer, kein schlechter Kerl, aber leichtsinnig. Ein Mensch, der nach dem Tode einer braven Frau haltlos geworden ist, sein Geschäft verlor und ins Blaue hinein lebte.

Er will den zärtlichen Vater spielen, glaubt sich in einem

sehr behaglichen Port gelandet, vergreift sich stets im Ton und verbreitet Unbehagen um sich.

Ein Freund des jungen Ehemannes kennt den Alten. Ist ihm in einer heiklen Situation einmal begegnet, und als Mann von Ordnung bürgerlichster Art brüskiert er den Alten und setzt pflichtgemäß den jungen Ehemann in Kenntnis, daß es ihm als Rittmeister nicht möglich ist, das Haus zu betreten, solange der Alte vorhanden ist. Er übertreibt noch dazu, der Ehemann faßt es noch ärger auf, seine bourgeoise Angst vor der Gesellschaft macht ihn sinnlos, und er wird gegen die junge Frau brutal.

Die geht, und die Ehe scheitert an der alten Unmöglichkeit, daß ein Ochse neben einem Rassepferd eingespannt werden kann.«

Aber das Angreifen hat Thoma immer besser gelegen als das Grübeln und Eingestehen. So ist es einigermaßen verständlich, daß diesem Stück kein Erfolg zuteil wird: Thoma hat sich auf fremdes Terrain begeben.

11

Hin und wieder macht ihm Marion die Freude, besuchsweise ihre alte Rolle auf dem Tuftenhof zu spielen. Und der »einsame alte Herr«, wie er sich gern nennt, schreibt ihr hinterher: »Daß wir wieder so gute Freunde und Kameraden geworden sind, ist doch auch nett.

Denke, wie häßlich es wäre, wenn wir zwangsweise zusammenlebten mit Mißtrauen und ohne Liebe.

Jetzt denken wir ganz anders aneinander und voneinander. Und diese herzliche Zuneigung hält viel besser wie die dumme Ehe.

Ich freue mich so, daß Du lustig bist und lustig lebst. Früher wäre ich eifersüchtig gewesen, hätte gefragt, mit wem bist? was tust du? Jetzt macht es mir nur Spaß, wenn ich Dich in heiterer Gesellschaft weiß.«

Allerdings, wenn er am Ende eines Briefes Grüße und Küsse sendet, schreibt er für die Küsse nur »K«.

Immer beschreibt er mit besonderer Ausführlichkeit das, was ihr zeitlebens an ihm so unbegreiflich bleibt – dieses Mit-einem-Gewehr-durch-den-Wald-Schwitzen. »Waldratze« unterschreibt er sich einmal; meistens bevorzugt er den selbstverliehenen Ehrentitel »Jager-Lucke«.

Seine gesellschaftlichen Interessen beschränken sich nun fast nur aufs Dorf. Doch wird ihm auch das mitunter lästig: »Gestern war in der ›Weißach‹ Schießen, heute ist Tarock, morgen ist Tarock, übermorgen Schießen usw. Ich werde mir im nächsten Jahr doch eine Arbeit für den Sommer herrichten, denn ich kann bald keine Herz-As mehr sehen.«

Im August gibt es eine reiche Zwetschgen-Ernte. Die muß, Kilo für Kilo, eingekocht werden. Sehnsüchtig schreibt der *Wittiber* an Marion: »Das ist eine schöne Aufgabe für Dich, Kätzlich.«

Doch Marion ist im mondänen Westerland. Glücklich vom Tuftenhof erlöst. Und doch unglücklich.

Am 20. November 1911 meldet Thoma an Haußmann: ». . . jetzt bin ich an einem Volksstück, das stark werden wird, weil es stark werden muß.

Es soll heißen ›Magdalena‹ und behandelt das Schicksal einer armen Bauerndirne, die in der Stadt diente, schlecht wurde und auf dem Schub heimkommt. Hier setzt das Stück ein, zeigt die redlichen Eltern, den Versuch, das Mädel zu bessern, die Unmöglichkeit, und zum Schlusse den gewaltsamen Tod der armen, dummen Person. Die Stellung, die das Dorf dazu nimmt, der Pfarrer, Mutter und Vater, die Verdorbenheit eines in den Schmutz getretenen Geschöpfes geben starke Momente genug.«

Das soll Thomas erster Versuch sein, dem Publikum einmal nicht mit einer Komödie zu kommen. Und entsprechend hartnäckig geht er an die Arbeit. Er hat sich angewöhnt, seine Briefpartner an der Entstehung seiner Arbeiten teilnehmen zu lassen. So gibt es ein ziemlich genaues Bild der Überlegungen, die er in den folgenden Monaten anstellen wird.

Er stellt alle Gedanken an seine Komödien-Entwürfe zurück und will alles dransetzen, der Schablone, welche sich Berlin von ihm gezeichnet hat, nachdrücklichst zu widersprechen.

Zur Jahreswende hat er bereits die ersten beiden Akte fertig, zehn Tage später auch den dritten. Dann beginnt die lange gemächliche Arbeit des Feilens, für die er sich ein halbes Jahr Zeit nehmen will.

Über die Rohfassung äußert er sich befriedigt. Er findet das Stück »gerade und stark«. Und an Haußmann schreibt er: »Die Sache ist wohl ein bißchen düster, aber ich denke, sie hat Schmalz und Salz . . .«

Thoma spürt, daß die Schlußszene, in der der Vater seine Tochter tötet, einigermaßen problematisch ist, und fühlt sich zu einer längeren Erklärung genötigt. Auch diese ist an seinen Freund in Stuttgart gerichtet (der nach Taschners Tod jahrelang Thomas wichtigster Briefpartner sein wird).

Thomas Argument: »Aus der Herzensangst, dem Zorn und der Verzweiflung des Vaters ergibt sich der Schluß, der erlösend und befreiend wirken muß. Der Tod des Vaters würde das nicht tun. Denn, was dann? Der Hörer würde die peinliche und unbefriedigende Empfindung haben, daß nun das dumme Frauenzimmer am Beginn einer endlosen Reihe von Unglück, Schande und Dummheit stünde. So aber ist *causa finita*. Und das Mitleid erregende Moment der Tragödie ist auch gegeben. Der Hörer muß doch aufatmen, daß hiermit der wirkliche und einzig mögliche Abschluß eines Schicksals gegeben ist. Es bleibt keine quälende Frage mehr; deswegen muß das arme Luder sterben.«

Mit Nervosität sieht er dem Tag der Uraufführung entgegen. Immer wieder sagt er sich, daß er etwas Gutes gemacht und daß er »die Grenzen, welche mir Kritiker und Literaturkenner freundlich steckten, um ein gutes hinausgesteckt« hat.

Die Premiere findet am 12. Oktober 1912 im *Kleinen Theater* in Berlin statt. Taschner hat das Bühnenbild entworfen. Und Thoma hat sich für diesen Tag wieder einmal etwas Besonderes ausgedacht: Er erscheint mit einer Tegernseer Schlachtenbummlerschar, zu der auch der Zitherspieler Kiem-Pauli und Bruder Peter gehören.

Während der Vorstellung sitzt Marion neben Thoma. Sie versäumt keine seiner Premieren. Und auch bei der anschließenden Premierenfeier im Hotel *Adlon* hält sie sich in seiner Nähe. Wieder einmal darf er sich viel Schmeichelhaftes sagen lassen; selbst der gefürchtete Kerr schreibt eine positive Kritik. Doch erst in München entwickelt sich das Stück zum Publikumserfolg von Dauer.

Immerhin, eine andere Inszenierung, eine Inszenierung

am Rande, ist dem Autor optimal gelungen: der Auftritt seiner Tegernseer Begleitmannschaft. Ihr Auftreten in Tracht und Nagelstiefeln versetzte das Personal des »Hotel *Adlon*«, das doch gewiß einiges gewohnt war, in namenlose Aufregung und verursachte gewaltiges Aufsehen. Nur Thomas persönlichem Einsatz war es zu verdanken, daß diese abenteuerlichen Gestalten Zutritt zur Smokinggesellschaft erhielten.

Am 28. Oktober schreibt er an Taschner: »Ich sitze also wieder still und beschaulich hier, und der Berliner Lärm summt mir kaum noch in den Ohren . . . Ich bereite mich nun allmählich vor zum Arbeiten. Die Faulenzerei, wie diesen Sommer, darf ich nicht mehr kultivieren. Das reißt einen zu stark heraus.

Jetzt hocke ich noch wie vor einem Loche und glotze ins Leere.

Und muß vielleicht zwei Wochen darauflos schreiben, bis ich einmal an eine halbwegs brauchbare Idee komme.

Das mache ich nie mehr so. Magdalena habe ich nun auch bald dick. In München war Aufführung wie Erfolg famos. Aber von allen Kritiken, die man liest, stimmt kaum eine. Ich meine nicht, daß sie einen über den Schellenkönig loben sollen, aber verstehen sollten diese Deppen wenigstens, was daran ist. Von den Berlinern kann man das wohl kaum erwarten.«

Er »starrt in ein Loch«; und immer häufiger kommen jetzt Fragen und Gedanken über seine Produktivität und darüber, wie sich sein Werk weiterentwickeln kann und wird. Vielseitigkeit und Schablone sind die Pole, um die sein Denken kreist. Und Goethes Briefe werden bis zu seinem Ende seine Lieblingslektüre sein.

Doch für goethische Abgeklärtheit wird es bei ihm nie reichen, sein Temperament läßt sie nicht zu. Und dann ist da seine Rolle als Redakteur des *Simplicissimus*, die ihn nicht zur Ruhe kommen läßt.

Auch wenn er regelmäßig seiner Verachtung für Zeitungskram und Politik Ausdruck gibt, so liest er doch täglich mehrere Zeitungen. Und es gibt auf diese Weise kaum eine wesentliche Neuigkeit, die ihm entgeht. (Einmal benachrichtigt er Taschner, daß er in zwei Berliner Zeitungen eine gleichlautende Notiz über ihn gelesen habe. Das meldet er nicht aus Berlin, sondern vom Tegernsee!)

Die *Münchner Neuesten Nachrichten* und die *Frankfurter Zeitung* gehören zu seinem täglich Brot. Geradezu komisch wirkt es da, wenn er immer wieder gelobt, keine Zeitung mehr anzurühren. An Haußmann schreibt er: »Ich lese Zeitungen gar nicht mehr. Die Nachrichten, Telegramme – und fertig. Ab 1. Januar halte ich mir nur mehr die Münchner Post und Neuesten Nachrichten . . .«

Ebenso unglaubhaft muß jedem, der Thoma kennt, die Behauptung klingen: »In diesem unpolitischen Lande Bayern wird man abgestumpft . . .« Politisch abgestumpft zu werden, dafür ist Thoma denkbar ungeeignet.

Auch äußere Ereignisse tragen das Nötige bei, diesen Zustand nicht eintreten zu lassen. 1912 wird die SPD die stärkste Fraktion im Reichstag, und Thoma meldet an Haußmann: »Mein Tegernsee hat 53 Zentrumsleute, 112 Liberale, 180 Sozialdemokraten in die Urne geschmissen. Also auch wir haben Eures Geistes einen Hauch verspürt.

Die Wahlbewegung in München war leidenschaftslos.

Abends stand ich mit ein paar hundert Leuten vor der Redaktion der ›Neuesten‹.

Freude am Schreien, irgendeine tiefere Empfindung fehlte.

Vielleicht liegt's am Scheinparlamentarismus, der uns zur Wurstigkeit erzieht.

Mein Gemüt ist im Gleichmaß geblieben, und wenn ich an 1907 denke, finde ich, daß ich seither einige Bleigewichte an meine politische Schwingkraft hingehängt habe. Und ein merkwürdig fester Glaube an ernste Tage, die uns bevorstehen, hält mich davon ab, diese Wahlen als das wichtigste Ereignis zu betrachten.

Ich finde rundherum alles verändert; den ganzen Ton gegen und in Frankreich. Hoffentlich sind's Blähungen meines Denkzentrums, und noch hoffentlicher treffen meine Ahnungen nicht das Rechte ...«

In dieser Zeit fährt er wöchentlich einmal mit der Bahn nach München, leitet zuerst die Redaktionssitzung des *Simpl* und dann die Redaktionssitzung des *März*. Am Abend sieht man ihn gelegentlich mit den *Simpl*-Leuten im ersten Stock der *Torggelstuben* am Platzl sitzen und einen Schoppen Wein trinken. Mit dem letzten Zug fährt er dann wieder nach Tegernsee. Das nennt er: seine »verdammte Pflicht und Schuldigkeit herunterhetzen«.

Dem *Simpl*-Bulli, der nach wie vor und noch immer die Zähne bleckt, sind einige Altersbeschwerden anzumerken. Die alten Mitarbeiter haben es versäumt, neue Talente heranzuziehen. Die wenigen, die dennoch bei diesem Blatt landen konnten, werden argwöhnisch und eifersüchtig beobachtet und kommen nur mit kleineren Arbeiten zu Wort. So ist das Typen- und Themen-Arsenal des *Simplicissimus* so ziemlich dasselbe geblieben. Routine macht sich breit, und Thoma ist zu weit weg und – nach eigenem Ge-

An alle, die uns gratulieren

(Zeichnung von O. Gulbr

Liebes Publikum,

Zehn Jahre sind gewiß kein hohes,
Kein Alter nicht für mich und Sie.
Doch ist's nicht wenig für ein rohes
Und schwer geprüftes Hundevieh.

Drum kommt nur her zum Gratulieren!
Es bildet ja kein Hindernis.
Es wird euch alle nicht scheniren,
Daß euch das Luder öfter biß??

Geehrtes Fräulein, Ihre Gaben
Erfreuen das gemeine Vieh.
Sollt' er Sie mal beleidigt haben,
So hoff' ich, daß Sie's nicht verdrießt.

Herr Staatsanwalt?! Sie sind ein Schmeichler!
Wenn nur kein Arg dahinter steckt!
Sie wünschen doch Sie kleiner Heuchler,
Daß unser Hündchen bald verreckt?!

Na ja, nun schweigen Sie mal stille!
Von Anstand hat es keine Spur.
Gewiß! Doch ist es Gottes Wille
Er schuf auch diese Kreatur.

Herr Pfarrer auch? Und Still gestanden!
Jetzt präsentiert mit das Gewehr!
Daß Hoheit uns für würdig fanden
Ist wirklich unverdiente Ehr'.

Ach, daß kein Groll uns länger trenne,
Gelobt' ich gerne frommen Geist.
Doch wie ich dieses Hundsvieh kenne
Hilft alles nichts. Das Luder beißt.

Peter Schlemihl

Zehn Jahre »Simpl«: Die beliebtesten Schießbuden-Figuren der Münchner Zeitschrift verneigen sich vor dem »Simpl-Bulli«. Thoma: »Doch wie ich dieses Hundsvieh kenne, hilft alles nichts. Das Luder beißt.«

ständnis – zu sehr von anderen Dingen abgelenkt, um da Abhilfe schaffen zu können.

Sein Gedicht zur Eröffnung des 17. *Simpl*-Jahrgangs:

Wir werden in den Geist der Zeiten dringen
und werden, wie wir's schon gewohnt sind, zart
das Sonderbare zur Erscheinung bringen
aus unsrer lichtumflossenen Gegenwart.
Am Sonderbaren wird es nimmer fehlen,
wo wir so ziemlich jede Amtsperson
zu unseren besten Mitarbeitern zählen,
auf Kanzeln, auf Kathedern, auf dem Thron.

Die eingeschworene *Simpl*-Leserschaft bekommt weiterhin ihre Lieblingswitzfiguren vorgesetzt, vor allem Leutnants und Pfaffen. Dennoch gibt es Behörden und Vereine, die dem *Simpl*-Hund, ungeachtet seiner wackelnden Zähne, den Gefallen tun, ihn als gefährliches Monster einzustufen.

So kontrolliert das Bayerische Eisenbahnministerium die Bahnhofsbuchhändler, ob sie den *Simplicissimus* führen und damit gegen ein ministerielles Verbot verstoßen.

Der *Verein zur Bekämpfung des Schmutzes in Wort und Bild* fordert eine Schuhfabrik auf, nicht mehr in diesem Schandblatt zu inserieren. Andernfalls würden alle Mitglieder des Vereins nur noch Konkurrenzprodukte kaufen.

Den größten publizistischen Erfolg aber erringt Thoma persönlich – durch eine Fortsetzung seiner Filser-Briefe.

Diesmal reagiert die in die Defensive gedrängte, schrumpfende Zentrumspartei und versucht, die Bauern gegen den Satiriker aufzuhetzen. In Flugblättern verbreitet sie die Behauptung, Thoma wolle die Bauern als eine »Herde von Deppen« hinstellen.

Thoma antwortet mit einem offenen Brief an die Bauern, der in den *Münchner Neuesten Nachrichten* abgedruckt wird. Darin verweist er auf seine Bücher und seine *Simpl*-Angriffe gegen die Zentrumspartei und bekräftigt, daß er immer zu den Bauern gehalten habe, denen er zeigen wollte, wo ihre Gegner sitzen.

Auch mit der Lage der Industriearbeiter beschäftigt er sich und ergreift Partei für sie. Schon 1906 hatte er der Redaktion ein kaiserliches »Raritätenkabinett« vorgeschlagen, das als Antwort auf die Bemerkung Wilhelms II.: »Schwarzseher dulde ich nicht!« gedacht war. Thomas Textentwurf: »Hier sehen Sie einen Berliner Arbeiter, welcher nichts mehr schwarz sehen kann, indem ihm die Polizei die Oogen blau geschlagen hat. Hier erblicken Sie die Hand des Arbeiters Bienwald, welche ihm aus Versehen abgehauen wurde von einem Breslauer Schutzmann, und gleich daneben ist ein Loch, welches die Versenkung darstellen tut, in welcher der Schutzmann verschwunden ist, so daß ihn kein Mensch nicht mehr finden kann.«

Ein Jahr nach diesem Vorfall wollen Patrioten nach der sozialdemokratischen Wahlniederlage dem Reichskanzler von Bülow ein Huldigungsständchen bringen, werden im Dunkeln für demonstrierende Arbeiter gehalten und von der Polizei verprügelt. Thoma zeigt seine Schadenfreude unverhüllt und äußert seine Zufriedenheit darüber, daß die privilegierten Bürger einmal am eigenen Leibe spüren konnten, welche Sonderbehandlung ihren minderprivilegierten Mitbürgern mitunter zuteil wird.

Simpl-Thema: Militarismus (Zeichnung: E. Thöny)

Schreckliche Folgen der Königstreue (Zeichnung von Th. Th. H

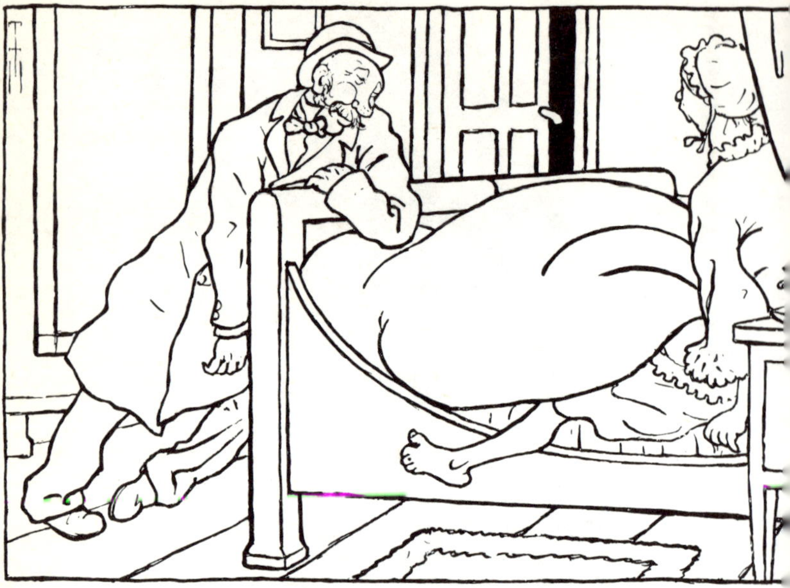

„Na warte, du Lumich, jetz gommste ja jeden Abend besoffen nach Hause aus 'n Veteranenvereine!" — „Da gaun mer nischt m
Schwarzsehen derfste nich, da mußte dich äm besaufen."

»Ich dulde keine Schwarzseher!« Des Kaisers Wort, vom sächsischen König übernommen, ans sächsische Volk weitergegeben.

Im März 1912 streiken eine Viertelmillion Ruhr-Bergarbeiter. Auch diesmal ist der *Simplicissimus* auf ihrer Seite.

Sechs Jahre später wird Thoma für diesen Stand nur noch die übelsten Schimpfworte verwenden.

Doch vorerst schreiben wir das Jahr 1913. Thoma ist 46 und fühlt sich alt. Wie sehr in den letzten drei Jahren die

Einsamkeit an ihm »heraufgekrochen« ist, merkt er, als er, einer plötzlichen Laune folgend, wieder einmal den Münchner Fasching genießt. Er hat sich aus den vielen Einladungen, die er normalerweise in den Papierkorb wirft, die zu einem Atelierfest ausgesucht und hat seinen Entschluß nicht bereut. Taschner schreibt er, es sei sehr »nett und münchnerisch« gewesen. Und: »Ich war einmal von Herzen lustig.«

Dazu hatte sicher die Bekanntschaft mit zwei hübschen Russinnen beigetragen. »Die ältere hätte beinahe ein Trumm Herz von mir weggerissen ... aber ich vergaß nicht, daß ich 46 alt bin, und ich glaube, sie vergaß es auch nicht.« Wieder einmal ist Thoma seiner Vorliebe für extravagante Frauen gefolgt. Es ist der »Cora-Typ«, der in einer seiner Lausbubengeschichten von den Kleinstadtspießern mit den Augen verschlungen und von ihren Frauen gefressen wird.

Plötzlich spürt Thoma wieder Unternehmungsgeist in sich, ohne die rechte Befriedigung dafür zu finden. Der Abkapselung folgt ein gesteigertes Vergnügungsbedürfnis und das Bedürfnis, neue Projekte zu entwickeln. »Ich muß etwas heraus aus der Einsamkeit und den tiefsinnigen Gesprächen über Dienstboten.«

So macht er wieder einmal eine Italienreise und bereitet Gespräche mit Berliner Filmproduzenten vor. »Natürlich«, schreibt er Taschner, »lasse ich keine alten Sachen von mir fürs Kino verwursten. Aber vielleicht (werde ich) ein paar Ideen geben für richtige Kinodramen, wenn sie sehr gut bezahlt werden.«

Nach den Taschners, die sich mehr und mehr von Berlin zu lösen scheinen, hat er immer größere Sehnsucht. Mit rührender Aufmerksamkeit und Beharrlichkeit nimmt er an ihrem Familienleben teil, das außerordentlich glücklich ist und nur durch Taschners Krankheit beeinträchtigt wird.

Am 21. April 1913 schreibt Helene Taschner aus Berlin: »Ignatz hat leider wieder zu viel gearbeitet, so daß er recht matt ist; es geht halt immer auf und ab. Hoffentlich wird es bald wieder aufwärts gehen.« Taschner will nur als freier Künstler bei Dachau arbeiten und seine Professur niederlegen. Doch wird es dazu nicht mehr kommen.

Eine Reise nach Rom und Neapel bringt keine Besserung seiner Leiden, sondern erschöpft ihn nur noch mehr. Im Oktober, er arbeitet in seinem Haus in Mitterndorf, zieht er sich eine Influenza zu, setzt seine Arbeit jedoch fort. Am 25. 11. erleidet er morgens schwere Herzkrämpfe; mittags ist er tot.

An diesem Tag ist Thoma gerade in seinem Jagdrevier bei Kreuth. Als er die Nachricht erfährt, fährt er sofort nach Mitterndorf. Er unterbricht seine Reise in München und läßt sich von Marion trösten. Was er an Taschner verloren hat, sagt er auch Haußmann, der nun, mit Ganghofer, Thomas einziger Freund ist:

»Er war mir die Mensch gewordene Heimat und in seinem unfehlbaren Urteil über alles die Zuflucht in jedem Zweifel. Was mir das Zusammensein mit ihm an Behagen, Sicherheit und herzhafter Freude geschenkt, kann und möchte ich nicht schildern.

Das Leben hat recht, natürlich, und ich bin nicht wehleidig, aber es war doch der Abschied von Jugend und schönsten Jahren, als er begraben wurde.

Seine Frau hat keine Geldsorgen; sie kann sogar das Anwesen halten, und sie wird es hüten und darin ihre Lebensaufgabe sehen.

Der bayrische Staat – ach du lieber Gott! Darüber wollen wir nicht reden. Das Viehzeug hat nie gewußt, wer Taschner war, und wird es nie wissen.«

Der *März*-Redaktion untersagt er, einen Taschner-Nachruf zu veröffentlichen. Das will er selbst besorgen. Was er dann schreiben wird, zeigt den »schwierigen Thoma« als zärtlichen Freund, als Verlassenen.

»Ich habe seine Freundschaft erworben, die mir auch jetzt noch in der Erinnerung als der köstlichste Besitz gilt. Er hat mich mit manchem gescheiten Worte, nicht weniger aber mit seinem ganzen Wesen wahrhafte, von allen Phrasen losgelöste Kunst verstehen gelehrt; Bedingungen und Zusammenhänge, die wie heimliche Kräfte, die im Erdreiche wirken, nie vor aller Augen ausgebreitet und bloßgelegt werden können.

Ein Wort von ihm hat mir mehr gegeben als gelehrte Abhandlungen, die Unerklärliches erklären und Organisches zerfasern.

Auch was ich schätzte und zu kennen glaubte, gewann für mich neue, stets aber tiefere Bedeutung, wenn er mich in seiner schlichten Art darauf hinwies.

Eine Sicherheit ruhte in ihm, die ihn vor Eitelkeit, vor jedem durch sie ermöglichten Mißgriff schützte, die ihn gegen alles, was Manier werden konnte, unempfänglich, und die ihn völlig unabhängig von Tagesmeinung, Mode und Kritik machte.

Daß Phantasie und Willen in der Kunst nichts bedeuten, wenn sie nicht, aus dem Können herausgewachsen, wiederum im Können weise Grenzen und Ordnung finden,

Unter Touristen: in Rottach

daß es außerhalb des Könnens keine Werte gibt, das ist mir durch ihn erlebte Gewißheit.«

Seit 1913 hängt Taschners Totenmaske an der Wand neben Thomas Arbeitstisch.

». . . ich perhorresziere einen Menschen, der keinen Funken Humor hat«, wird er einmal sagen. »Humor ist Welt- und Menschenkenntnis.« 1913 ist er auf dem besten Wege, beides zu verlieren – den Humor und die Welt- und Menschenkenntnis.

Es ist eine schreckliche Unruhe in ihm, ein Zustand, den er, abgesehen von kurzen Unterbrechungen, bis zu seinem Tode nicht mehr los wird. Marion, der es nicht viel besser geht, schreibt er am 20. August: »Ich mag diesen Winter nicht heraußen zubringen, außer ich finde eine angenehme behagliche Person zum Haushalt.

Es ist vieles, was mich hier nicht mehr freut . . . Was einmal nett war, ist nicht mehr . . .«

Er ist umständlich geworden. Selbst kleinste Probleme werfen ihn aus dem seelischen Gleichgewicht. Als er wieder einmal sein Jagdrevier bei Unterweikertshofen aufsucht und Marion, die gerade einige Tage in München ist, ihn bittet, auf der Rückreise bei ihr Station zu machen, antwortet er, durch die neue Situation irritiert, er wisse nicht, ob das möglich sein werde – sein Anzug sei nicht gebügelt.

Die Jagd – die Ablenkung, die ihm früher am allersichersten Kraft und Seelenfrieden zurückgab – wird ihm lästig. Und der Unterweikertshofener Förster schüttelt den Kopf über diese unerklärliche Veränderung im Wesen des Dr. Thoma. Im Juni hat er sich mit einem einzigen Bock zufriedengegeben . . .

Unter Touristen: in Florenz

Heimgekehrt, überläßt er sich aufs neue der Unzufriedenheit. Früher war das Heimkommen ein Genuß, auf den er sich lange im voraus freute. Jetzt begrüßt ihn nur Einsamkeit und neuer Ärger mit den Hausangestellten. »Ich bin für das alles zu jung und zu alt«, schreibt er Marion nach St. Moritz.

Nicht einmal Theaterreisen zu den Neuinszenierungen seiner Stücke freuen ihn. »Mich freut meine Arbeit, solange sie in meiner Stube fortschreitet. Draußen kommt sie mir fremd vor, und das Gehabe beim Theater ist meinem ganzen Wesen heute konträrer als früher, wo ich noch so was wie heimliche Eitelkeit hatte.«

Was bleibt ihm? Er rettet sich wieder in die üblichen Italienreisen. Im September leistet ihm Marion dabei Gesellschaft. Doch lange hält er das mondäne Leben in Rimini, wie sie es liebt, nicht aus.

Also, wieder zurück zum Tegernsee und den alten Problemen ins Auge geschaut! Zu den alten ist ein neues gekommen: Thoma hat in dieser Zeit in der Arbeit keine glückliche Hand. Er fängt viele Dinge an und verbrennt seine mißglückten Versuche im Küchenherd.

Er klagt über Gewichtsprobleme, mag aber auf seine sechs Mahlzeiten pro Tag nur ungern verzichten. Der Satiriker setzt Speck an. Und dabei ist er sich völlig darüber im klaren: was ihn plagt, sind Langeweile und Überdruß, die Leiden des reichen Mannes. Ihm gehören 22000 Tagewerk Jagd. Er hat vier Jäger angestellt und beschäftigt seinen Bruder Peter als Jagdaufseher. Er hat einen großen Tisch, an den von Rechts wegen 20 Gäste gehörten, und kennt nur sechs oder sieben, die ihm passen würden, aber selten die Einsamkeit mit ihm teilen. So stehen die Gästezimmer meistens leer.

Thoma entwickelt sich zum Grübler: »Hie und da«, so schreibt er einer Verwandten, »denke ich, wie schön es wäre, sich selbst zu pensionieren, einen Strich zu machen und zu sagen: Schluß.

Aber es läßt einen ja doch nicht los; selbst wenn man möchte.« Aber mit fünfzig möchte er sich wenigstens von der Bühne verabschieden.

Außerdem überlegt er, wie er das Tuftenhaus loswerden kann, ein Thema, das ihn schon lange beschäftigt und das ihn noch lange beschäftigen wird. Erst hatte er Marions Unruhe die Schuld gegeben, daß in diesem Haus keine Behaglichkeit wohnte – jetzt ist es das Haus selbst, das sie tötet.

Daß es aber im Grunde immer der Geist des Bewohners ist, der den Geist eines Hauses prägt, will er nicht wahrhaben. Marion sagt es ihm. Und er antwortet: »Ich freue mich, wenn du kommst, Kätzlich, und mache Dir kein böses Gesicht. Ich habe nur manchmal das Haus hier dick und das Geldausgeben.

Es ist viel Unsinn dabei, das darfst Du glauben, und wenn schlechtere Zeiten kämen, würde sich's erst zeigen, wie dumm man jetzt war. Ich warte mal diesen Sommer ab und sehe zu, ob meine Freude an der Sache wieder wächst.«

Und einige Monate später gesteht er Ricca Lang, einer Verwandten aus der Familie seiner Mutter: »Ich trage ... – unter Diskretion mitgeteilt – den stillen Gedanken herum, mein Anwesen herzugeben. Es ist sündhaft teuer, und man bezahlt eigentlich nur Verdruß.

Natürlich verkaufe ich nicht *à tout prix* an jeden, aber kommt der Richtige, dann weg damit! Ich sehne mich nach kleinen Verhältnissen, nach Bescheidenheit, wie ich sie von jung auf hatte.«

So klingt es rührend komisch, wenn Thoma, der Zerrissene, der ruhelosen Marion gute Ratschläge gibt. »Es ist großer Unsinn, wenn Du Dich so hin und her ziehen läßt und gar keinen Frieden mehr findest. Es tut mir immer so leid, wenn ich das sehe und merke, wie Du Dich quälst.

In dieser Zeit macht Thoma eine betrübliche Wandlung durch. Bislang war er einer der hellsten, klarsten Realisten seiner schwülstigen, hohlpathetischen Epoche. Nun beginnt ihn die Kraft zur Nüchternheit zu verlassen. Nun sucht auch Thoma den Rausch.

12

Das Jahr 1914 ist angebrochen. Marion vergnügt sich an verschiedenen Wintersportplätzen. In Berlin siegt sie in einem Tanzwettbewerb. Thoma erfährt es aus der Zeitung: »Ich gratuliere zum Tangopreis ...« so schreibt er in die Reichshauptstadt. »Sei lustig, Kätzle, es ist immer noch fidel auf der Welt.«

Viel fideler aber fände er das Leben, schreibt er, wenn Marion sich auf der Tuften amüsierte – mit seinem Blumen- und Gemüsegarten. Marion entschuldigt sich. Vielleicht später einmal.

Wieder will er sich mit Arbeit trösten. Föhnwetter hindert ihn daran. »Ich hab den Frühling in der Nase, weil die Dachtraufe geht und alle Augenblicke schrummpumm der Schnee vom Dache rutscht. Auch habe ich schon eine Amsel pfeifen hören, und seitdem ist mir das Blut rebellisch.«

Wo versucht er sein rebellisches Blut zu besänftigen? Selbstverständlich wieder einmal in Italien, getreu seiner Devise: »... wenn ich liberale und humane Menschen sehen will, fahre ich ins sonnige Italien.« Das schreibt er am 30. März an den Stuttgarter Intendanten Baron zu Putlitz. Schon ein Vierteljahr später mag er diese seine geliebten Italiener nur noch als »Schurken« sehen.

Die Romreise des Jahres 1914, meint er, soll besonders schön werden, denn nach langer Zeit wird wieder einmal Marion dabeisein. Doch kurz vor der Abreise erkrankt sie, und Thoma muß vorausfahren. Wieder einmal schreibt er täglich einen Brief, wie in der Zeit, als Marion nach Berlin fuhr, um ihre Scheidung zu betreiben. Doch sind die Briefe jetzt väterlicher, besorgt und aufmunternd zugleich: »Bist Du nur erst da, mein Kätzlich, da kriegst Du das schönste Zimmer; Aussicht nach Borghese Garten und Aventino. Du findest den schönsten blauen Himmel, den Du so gerne hast, und in Sorrent erst recht. Du bist ja nie seit Deiner Ankunft in Europa mehr so weit südlich gewesen und wirst glauben, im Paradies zu sein.«

Ende April gibt es dann noch einige gemeinsame Tage in Rom und Sorrent. Marion beschließt, in Sorrent zu bleiben, Thoma fährt zurück an den Tegernsee und läßt sie brieflich an seinem rast- und ruhelosen Dasein im Gehäus teilnehmen. »Hier ist das Land des Nebels und der ewigen Drecksauce . . . Mein Humor ist ein bißchen gefallen, aber Du weißt schon, es dauert nicht lange. Hätte ich Zeit, ich würde am liebsten zu Dir nach Sorrent fahren und das deutsche Vaterland auf die Kirchweih laden.«

In dieser Zeit ist es so ähnlich wie während der Stadelheimer Wochen: niemand erfährt so genau wie Marion, woran er gerade arbeitet, wie die Arbeit gedeiht oder stockt, wie es um seine Gesundheit und seine Stimmungen steht.

Sie erfährt als erste, daß er sich endlich an die »Lebensbeschreibung vom lieben Ignatz« gewagt hat. Selten hat er so viele Anläufe nehmen müssen, immer wieder ertappte er sich bei »plattgedroschenen Redensarten«, die sich beim Abfassen von Nachrufen fast zwangsläufig einstellen.

Fast ist er in der Stimmung, sich seinen eigenen Nekrolog vorzufabrizieren. »Ich bummle durch die Wälder, und meine Jäger sind erstaunt, daß ich nicht schießen mag.

Aber die frischen dreijährigen Böcke, die noch dazu nicht übermäßig ›aufhaben‹, dauern mich. Ich schenke ihnen noch ein Jahr und will mich kasteien.

Mich freuen die Kerle mehr noch wie früher und ich habe ein Verständnis dafür, daß sie leben wollen . . .«

Für Thoma scheint das Jahr zu verrinnen wie das vergangene. Doch dann kommt der 1. August.

Thoma erfährt von der Kriegserklärung, als er nach einem *März-* und *Simpl*-Tag gerade die Heimreise von München nach Tegernsee antreten will. Er liest die Plakate und stimmt innerlich in das Hurra-Gebrüll der festlich gestimmten Straßenpassanten ein. Als er den Zug besteigt, hat er sich bereits die offizielle Berliner Version zu eigen gemacht und ist völlig durchdrungen vom »grimmigen Haß gegen die Friedensstörer«.

Der Mann, der sich zeitlebens keine Illusion durchgehen ließ und nun lauter *Simplicissimus*-Prophezeiungen um sich herum erblicken könnte, glaubt allen Ernstes an eine »Erhebung des Volkes«.

Das ist um so erstaunlicher für seine Freunde, je mehr sie in den letzten *Simpl*-Heften blättern. Dort deutet nichts auf einen Gesinnungswechsel hin, alles jedoch auf eine immer schärfere Bekämpfung des Schwindels: Kriege seien »Volkskriege«.

Wenige Monate vor Kriegsausbruch hatten mehrere Beiträge die Verbrüderung deutscher und französischer Waffenfabrikanten bloßgestellt. Die deutsche »Wehrabgabe« wurde mit einer Zeichnung kommentiert, auf der Berliner Industrielle die Opferbüchsen armer Leute leeren.

Alle diese Satiren sind über Thomas Schreibtisch gegangen. Und die Kommentare aus seiner eigenen Feder sind nicht weniger deutlich:

Geh aus der Werkstatt du, geh du vom Pflug!
Für dich, du Tier, zu wissen ist's genug,
der große Krieg kam übers Meer,
gib du dein Glück, dein Leben her!

(An das Volk)

Und den Arbeitern ruft er zu:
Hinter den Mauern, hinter den Schlöten
liegt euer Vaterland,
ihr sollt euch schlagen dafür und töten
und habt es niemals gekannt.

(Kanonenfutter)

Doch hat er es nie beim Mitleid belassen, sondern ist immer auf die Verantwortlichen losgegangen. Wenn ihm das aus strafrechtlichen Gründen nicht gar zu unverblümt möglich war, griff er zum Mittel der Umschreibung, zu Umschreibungen allerdings, die immer noch deutlich genug waren.

Als Wilhelm II. durch seinen Befehl, ein deutsches Kanonenboot in Agadir landen zu lassen, die zweite deutsch-französische Marokko-Krise auslöste, kommentierte Thoma dieses Manöver mit einem Angriff auf den kriegstreiberischen französischen Außenminister Delcassé. In Wirklichkeit war sein Angriff ebensosehr an Berlin adressiert:

Delcasse

Wir wollen Frieden. All die tausend Hände,
die Tag für Tag in Ehren Arbeit schaffen,
sie schleudern nicht in Hütten Feuerbrände,
und keine greift begierig an die Waffen.
Wenn sie nicht wollen, wer kann *alle* zwingen,
daß sie gleich wilden Tieren sich zerfleischen?

Wer kann sie sehend ins Verderben bringen?
Wer darf Gehorsam zu Verbrechen heischen?
In all den Tausenden lebt nur *ein* Wille,
Und so genügt es, ernsthaft ihn zu zeigen?
Ich frag' euch alle. Warum seid ihr stille?
Vernunft, gib Antwort! Nein! Vernunft muß schweigen.
Ein Narr darf mit dem Glück von allen spielen,
und will's die Eitelkeit des kranken Laffen –
die vielen Tausend mit den harten Schwielen,
sie greifen stumpf und willig zu den Waffen.

Besonders intensiv hatte er die Marokko-Frage mit Freund Haußmann besprochen. In einem Brief von der doppelten Länge eines Leitartikels hatte er damals geschrieben: »Wir ernten jetzt die Früchte der operettenhaften Regierung Wilhelms II. Die Feindseligkeit Englands und Frankreichs und die höhnische Art, uns zu behandeln, alle diese Dinge basieren auf der seit langem aufgehäuften Abneigung gegen den Heldentenor Europas, der immer taktlos und häufig lächerlich handelte.

Das nüchterne Gewerbe der Politik muß in der Stille ausgeübt werden, und jetzt merkt man, wie unwillig seit langem die Zunftmeister waren gegen den Trompeter von Säckingen, der jahraus jahrein vor ihren Fenstern blies . . .

Vor ein paar Jahren wäre ich unglücklicher gewesen über solche plötzlich auftauchende Kriegsmöglichkeiten. Jetzt bin ich durch die törichte Anflegelei, die zum Beispiel die *France militaire* sich gegen den Kaiser und uns leistete, rauflustiger geworden, und ich habe Mühe, mich Stimmungen zu entziehen, die rundherum die Gemüter erfassen. Ich sage mir freilich in ruhigen Stunden, daß wir Deutsche nicht schuldlos daran sind, wenn sich in Frankreich so gar kein Verständnis für die friedlichen Gesinnungen Deutschlands durchringen will. Wir haben böse Hetzer an den maßgebendsten Stellen gehabt: exponierte Herren, die den Frieden mit Frankreich ständig bedrohten . . .

Ich aber will meine altbayrische Neigung zum Zuhauen als eine Dummheit betrachten und froh sein, wenn es mir auch ferner vergönnt sein soll, den Wechsel der Jahreszeiten in meinem wundervollen Tegernseer Tal in friedlichem Behagen zu beobachten und zu genießen. Die Berge können einem die Seligkeit der Ruhe so eindringlich predigen. Und auf einer Wiese arschlings liegen und in den blauen Himmel und treibende Wolken schauen, entfernt unsere Seele so weit von marokkanischen Fragen.«

Alles hätte man dem *Simplicissimus* in jenen Jahren vorwerfen können, nur Weltfremdheit nicht. Weltfremd zu sein ist aber gerade der Vorwurf, der Pazifisten am häufigsten gemacht wird. Der *Simpl* war pazifistisch, und zwar ohne in Gefahr zu geraten, mit Schwärmern in dieselbe Denkschublade gesteckt zu werden.

Denn der Pazifismus dieser Zeitschrift orientierte sich nicht an den Wolken, sondern an der Tagespolitik. Und so ist Thomas Anspruch: die Redaktion hätte eigentlich den Friedensnobelpreis verdient, nicht gar so verstiegen, wie er im ersten Moment klingen mag.

Ähnlich hatte er bis zu diesem 1. August 1914 auch über den *März* gedacht: Wenn es diese freiheitliche Wochenschrift, die allen »antireaktionären Stimmungen und Meinungen« Raum gab, nicht schon gäbe, so müßte sie sofort gegründet werden. Das war noch aus dem Jahre 1912.

Und im gleichen Jahr verspottete er seinen italienischen Kollegen Gabriele d'Annunzio als »Spitzenhemdbesatz-

»Die Herrn Kommerzienräte tun nicht mit, sie dürfen sich für ihre Enkel schonen und schöpfen aus dem Krieg noch Überschuß, denn auch der Feind braucht Flinten und Kanonen. So kommt die Waffenindustrie in Fluß.«

Anakreon«, der plötzlich in Patriotismus handelt. Dabei ahnte Thoma nicht, daß er selber schon sehr bald viel schrecklichere Propagandatexte von sich geben würde ...

Unmittelbar nach Kriegsbeginn tritt die Redaktion des *Simplicissimus* zu einer höchst bedeutenden Sitzung zusammen. Es soll entschieden werden, ob die Zeit ein Blatt wie den *Simpl* noch brauchen könne oder ob es nicht patriotischer wäre, die Redaktion aufzulösen.

Thoma will nur über das letztere reden. Doch für die anderen ist damit noch nicht das letzte Wort gesprochen. Für fast alle ist die Zeitschrift in den letzten Jahren die Existenzgrundlage geworden. Heine und Thöny haben sich Häuser am Ammersee gebaut, die noch nicht bezahlt sind. Geheeb würde im Falle der Auflösung ein Gehalt einbüßen, das sich mit den Bezügen eines bayrischen Ministers vergleichen läßt ...

Th. Th. Heine spricht aus, worauf sich alle, auch Thoma, einigen können: Der *Simplicissimus* erscheint weiter, doch enthält er sich jeder Kritik an Regierung und Heeresführung. Er beschränkt sich auf Witzfeldzüge gegen äußere Feinde. Er verordnet sich selbst einen widerwillig getragenennen Maulkorb.

Dieser Schwenk hat dem *Simpl* zwar obrigkeitliches Wohlwollen, aber auch einen gewaltigen Vertrauensschwund bei seinen Lesern eingetragen. Die große Zeit der Zeitschrift ist vorüber; fortan geht es abwärts mit ihr, bis 1967 ihr letzter Lebensfunke verlischt.

Auch im *März* wird ein anderer Ton angeschlagen. Noch zu Beginn dieses ersten Kriegsjahres meinte Thoma, den leitenden Redakteur Theodor Heuss loben zu müssen: »Mich freut der März sehr und die ruhige Art, wie Sie ihn redigieren und selbst schreiben... Neulich habe ich Dr. Hirth einen Vortrag gehalten, daß Sie der *einzig* richtige Chefredakteur für die ›Neuesten Nachrichten‹ wären. Hirth, der mir ein vertrauter Freund ist, ging sehr darauf ein, aber ich weiß weder, ob Sie die Stellung annehmen könnten, noch ob der alte Hirth die Kraft zu einer Änderung findet. Sosehr ich das für den März bedauern würde, müßte ich doch im Interesse des bayrischen Liberalismus und Münchens die Leitung der N.N. durch Sie begrüßen.«

Doch mit Kriegsbeginn denkt er auch über Heuss' ruhige Art anders. Zunächst äußert er sich nur Dritten gegenüber. Haußmann schreibt er: »Mir hat der ebenmäßig kühle Ton im März sogleich einen Schnupfen beschert und der ästhetische Ton, welchen Heuss vorsetzt, ist ein verdammt schlabbriges Getränke.«

Dann wird er deutlicher und greift mit aller Entschiedenheit in die redaktionelle Arbeit ein. Er verlangt mehr Berichte über Rüstung und Kriegsgegner und fordert: ». . . laßt die Leute in Ruhe, die töricht oder klug die Meinung vertreten, daß wir die Besten in der Welt sind. Wahr ist es ja doch, wenn so oder anders.«

Thoma genießt seinen Begeisterungstaumel, pflanzt eine weißblaue Flagge vor den Tuftenhof und schafft eine Böllerkanone an, um seinen patriotischen Gefühlen freien Lauf lassen zu können. Hatte er sich bislang vor jeder Schwelgerei gehütet, so wird er jetzt – im Schwelgen völlig unerfahren – zur lächerlichen Figur und offenbart eine Sentimentalität, die besonders peinlich wirken muß, da er sie mit der gleichen Unerbittlichkeit betreibt, mit der er bislang seiner Wahrheitsliebe folgte. Die traurige Geschichte vom Satiriker, der sich vergessen möchte.

Um die Jahrhundertwende herum hatte Thoma zwar schon einmal ein bißchen Kriegsverklärung betrieben, mit einer »elegant gebundenen« Publikation über den Burenkrieg, »mit Biographien der Heerführer nach Mitteilungen des Transvaalgesandten Dr. W. Leyds«, von Thoma herausgegeben (und zwar gleich in zwanzigtausend Exemplaren). Doch war es ihm damals darum gegangen, seine Verbundenheit mit den »tapferen niederdeutschen« Bauern zu zeigen. Für ihn war es nicht so sehr ein Krieg gegen England, mehr ein Bauernkrieg, ein Krieg des kleinen Mannes gegen die Macht der Bankiers und Pfeffersäcke gewesen.

Daß die Kämpfe in Südafrika der Berliner Regierung gerade recht kamen, um Position gegen London zu beziehen, war ihm dabei ziemlich egal. Jedenfalls mußte er sich damals nicht als Sprachrohr Wilhelms II. empfinden.

Im Jahr 1914 sieht das ganz anders aus. Er wird die Berliner Propaganda-Abteilungen an Enthusiasmus noch übertreffen und ein Pathos verströmen, das wache Zeitgenossen auch damals schon mit Kopfschütteln und Bedauern registrierten – ein Pathos, das Übelkeit verursacht. An Haußmann schreibt er, daß jetzt alles »so tausendfach größer und edler« sei. Und weiter: »Aus jeder Hütte heraus treten schlichte Helden, deren Größe mir über jede geschichtliche Tradition hinaus zu ragen scheint. Ich erzählte Dir einmal von den tapferen Landwehrmännern im Oberland, wie schlicht und einfach sie Abschied nahmen und wie gleich wieder die unverwüstliche Lustigkeit des Altbayern durchgebrochen ist. Wie habe ich Sehnsucht nach den lieben Burschen und wie empfinde ich sie in unserm ausgestorbenen stillen Dorfe! Mir ist Stunde um Stunde, als ob sie mich rufen würden: Gehörst du nicht zu uns?«

Alle, die nicht mitjubeln, nennt er fortan »Zweifelscheißer«. Und um nicht selbst als »Zweifelscheißer« dazustehen, zeichnet er Kriegsanleihen. Darüber hinaus spendet er für Liebesgaben. Auch journalistisch treibt er sich zu Höchstleistungen an und taucht mehrmals pro Woche in der Redaktion des *Simplicissimus* auf, ein vielbestauntes Novum.

Seiner Kriegsbegeisterung freilich können seine Redaktionskollegen nur wenig abgewinnen. Zahllose Geschichten kursieren darüber. So soll er das *Eiserne Kreuz* eines befreundeten Schauspielers, mit Tränen in den Augen, befühlt und ein um das andere Mal gesagt haben: »Jessas, wenn ich das Eiserne hätte. Das wär' so an Orden, auf den ich stolz wär'.« Aus dem Mund des Verfassers der *Medaille* und zahlloser Spottverse auf die deutsche Ordenssucht klingt das natürlich einigermaßen absurd.

Wirklich will Thoma schleunigst an die Front, doch das stößt auf Schwierigkeiten. Haußmann klagt er: »Der verfluchte bayrische Zopf, dreimal gedreht und mit Rindsfett eingeschmiert, hat mir's verwehrt, an passender Stelle dienstbar zu sein. Ich glaubte mich meiner Sache sicher, als mir Generalarzt Angerer anbot, in seinem Lazarett zu arbeiten. Das Ministerium verweigerte seine Erlaubnis.

Eine stimmungslose, kalte Bande, wie überhaupt die bayrische Regierung ist, sehr im Gegensatze zur preußischen, die Schwung hat. Dem 51jährigen Dehmel wurde die Möglichkeit zuteil, als Infanterist auszumarschieren, ich muß zurückbleiben.

Wüßte ich irgendwo eine Gelegenheit, bei einem Fußartillerie-Regiment oder in eine Haubitzbatterie einzutreten, ich wäre der glücklichste Mensch.«

Am 29. März 1915 kann er dann seinem Stuttgarter Freund melden: »Endlich habe ich es erreicht, daß ich als Sanitätsmann zu einer Auto-Transport-Kolonne darf ... Ich bin sehr froh und eigentlich glücklich, denn daheim war's mir von Tag zu Tag jämmerlicher.«

Er dient als Sanitätsmann der Autotransportkolonne des II. bayerischen Kraftwagentransportzugs des Roten Kreuzes beim 41. Reserve-Armeekorps, zunächst in Frankreich. Als er ankommt, muß er zwar feststellen, daß die gesamte Kolonne bereits mit dem *Eisernen Kreuz* geschmückt ist und daß dieser Artikel offenbar häufiger und reichlicher unter die Leute kommt, als er sich das gedacht hat. Dennoch läßt er sich seine Hochstimmung so bald nicht nehmen. Er erfährt eine neue Art von Kumpanei.

Wie in Stadelheim genießt er auch hier Sonderbehandlung. Die Offiziere geben sich literaturbeflissen und zitieren aus seinem *Filser*. Doch entzieht er sich ihrer Sympathie und hat lieber seinen Spaß im Umgang mit dem »einfachen« Soldaten. So wie früher mit Jagdhelfern und Jagdtrophäen, so posiert er jetzt mit Lazarettwagen und Sanitätsgefreiten vor den Fotografen. (Der Vergleich ist sicher nicht weit hergeholt, bedenkt man sein an Dagny Langen adressiertes Bekenntnis, Jagd und Krieg seien für einen Mann die schönsten Dinge auf der Welt.)

An Marion, die nun gezwungenermaßen ihr Wanderleben reduziert und meistens in der Schwabinger Wohnung lebt, schreibt er: »Es geht mir sehr gut und ich bin glücklich, hier draußen zu sein ... Momentan ist Ruhe, aber man sagt, daß es bald schärfer wehen werde. Zeitungen habe ich seit dem 1. April nicht mehr gesehen und habe, sonderbarerweise, kaum Sehnsucht danach. – Das Leben um mich herum, soldatisch und frisch und froh, gefällt mir riesig.«

Vierundzwanzig Stunden später bittet er Marion dann doch um Zeitungen. Sie soll ihm einige abonnieren, darunter auch zwei der verachteten österreichischen Gazetten. Das gehört nun mal zu seinem Alltag, ebenso wie gutes Essen. Gekochtes Rindfleisch und Schinken rechnet er bereits zu den »sehr einfachen« Gerichten.

Dennoch berichtet er Marion, immer wieder Marion: »Es geht mir gut und ich fühle mich sehr wohl; viel wohler als daheim, auch körperlich . . .

Über militärische Dinge läßt sich nichts schreiben, nur das eine, daß wir alle, das heißt: auch die Soldaten auf große Dinge rechnen und hoffen. Hier ist ein Zustand von selbstverständlicher Zuversicht, den man daheim so nicht kennt.«

Hier draußen, nicht mehr in den bayrischen Bergen, wo es mit der Kumpanei nicht mehr das Rechte war, hier also fühlt er sich, nach eigenem Bekenntnis, »jeden Tag heimischer«. Denn »eigentlich ist hier alles deutsches Land geworden. Eisenbahnen, Wege, Forstbetrieb, die ganze Verwaltung – das wickelt sich so ruhig ab wie in Stuttgart oder Nürnberg.«

Unzählig die Briefstellen, in denen er sich bemüht, Marion die Lust, Soldat zu sein, näherzubringen. »Schön ist's auch, in der hübschen Landschaft marschierende singende Soldaten zu sehen. Da klingen die Lieder doch anders als auf dem Promenadeplatz.«

Doch bald hat es ein Ende mit der Idylle. Thomas Einheit wird an die russische Front verschickt, und dort geht es etwas rauher zu, was die Begeisterung des Schriftstellers nur noch höhertreibt.

4. Mai 1915 an Marion:
»Aus meinen Karten wirst Du gesehen haben, daß ich im Osten bin. Nach 80stündiger Bahnfahrt angekommen am 26. 4.

Es geht mir gut, mitten in einem wundervoll bewegten Leben . . .«

4. Mai 1915 an Marion:
»Gerade waren drei feindliche Flieger da und wurden beschossen; das war fein . . .«

7. Mai 1915 an Marion:
». . . Wir wissen, daß hier der Schlußstein gelegt wird zum schönsten Siege.«

9. Mai 1915 an Marion:
»Gestern war der Kaiser bei uns, das heißt bei der Armee. Ich sah ihn vorbeifahren und schwenkte heftig mit Hurra meine Mütze, meine sehr staubige Mütze.«

12. Mai 1915 an Marion:
»Mädle, was sehe ich alles für Bilder, Schlachten, Gefangene, brennende Dörfer, brennende Petroleumtanks, Gefallene, Verwundete, ungeheure Truppenmassen auf dem Marsch, Wagenkolonnen, aufgehängte Spione etc. etc. Das ist Krieg, wie ihn sich die kühnste Fantasie ausmalt, viel Arbeit und manche Entbehrungen (kein Trinkwasser p.p.), aber je dicker es kommt, desto fröhlicher ist's mir ums Herz. Am Bauerntisch auf der Tuften, da gibt's ein Erzählen!«

18. Mai 1915 an Marion:
»Heute ist ein wundervoller Abend. Die Nachtigallen singen, die Kanonen donnern, die Maschinengewehre knattern. Hier gibt es etwas Halt. Die Russen haben Verstärkung. Kriegen aber schon ihre Schmiere.«

Thoma als Sanitäter im Ersten Weltkrieg

22. Mai 1915 an Marion:
»Nun bin ich ja schon in der achten Woche im Feld und am 1. Juli läuft meine Zeit ab. So könnte ich vielleicht um den 7., 8. Juli daheim sein. Die Geschichte mit Italien läßt mich die Heimreise wünschen ... Laßt Euch nur die Köpfe nicht warm werden. Mit den Lumpen wollen wir schon auch noch fertig werden. Wenn sie mich nehmen, möchte ich am liebsten auch noch den Schießprügel nehmen und gegen die Bande ziehen.«
23. Mai 1915 an Marion:
»Jetzt fahren gerade an mir die riesigen 21 cm Mörser vorbei. Sie werden bald Tod speien auf die Russen, und wir hoffen, es wird wieder wie bei Gorlice, am unvergeßlichen 2. Mai. Da habe ich auch die deutschen Siegesengel fliegen sehen und das Herz ist mir voll Stolz geworden über die Gewißheit, daß wir auf der Welt die Besten sind ...«
30. Mai 1915 an Marion:
»Seit heute wird Przmysl beschossen. Zwei 42er stehen dicht bei uns, die knallen fein. Daneben riesige 15 cm Ringkanonen, 28er, 15er, 10er Mörser. Guten Appetit.

Aus den 42er heulen die Granaten sekundenlang hoch in die Luft, und dann sieht man drüben eine schwarze Säule aufsteigen. Das ist prachtvoll.«
8. Juni 1915
»Aus Przmysl herzliche Grüße. Wir sind hereingefahren, um die Zerstörung anzusehen in den Forts. Die Panzertürme liegen herum wie zerbrochene Maßkrüge.«

Mitunter hat er sich als »eiserner Ludwig« unterschrieben. Doch seine Kondition hat einen schweren Schlag erlitten. Seit seiner Ankunft an der russischen Front plagt ihn die Ruhr. Zu seinem Fahrer sagt er immer öfter: »Die Pfeife schmeckt mir nimmer, und Sie wissen, was das bedeutet.« Er wird beurlaubt, doch gestaltet sich der Abschied des kranken Sanitäters Ludwig Thoma ganz erträglich. Er wird dekoriert und schreibt darüber an den Zeichner Schulz, seinen *Simpl*-Kollegen: »Gestern, Willem, bin ich Preuße geworden. Ich habe das Eiserne Kreuz bekommen und will mit dem schwarzweißen Band leben und sterben und mal im Grabe liegen.«

13

Er ist wieder zu Hause und wundert sich, daß das Leben nicht anders aussieht. Weil er krank ist, muß er vorerst auf die Jagd und auch aufs Bergsteigen verzichten. Bücher und Stücke zu schreiben erscheint ihm in den gegenwärtigen Zeiten frivol. Ins Dorf zu gehen freut ihn noch weniger: die meisten Tarockpartner sind im Krieg; auch von Touristen ist kaum etwas zu sehen. Grimmig schreibt Thoma an Marion: »Sie hocken wahrscheinlich im neuen Café.« Nie würde er da hineingehen.

Gegen Ende des Monats hofft er wiederhergestellt zu sein. Dann möchte er wieder einmal in sein Weikertshofener Revier und »schiaßn, schiaßn«. Seine Gedanken kreisen jedoch weiter um die Frontberichte, die er jeden Morgen studiert. Ganghofer entwickelt er einen Plan, ein Scharfschützenkorps aus bayrischen und Tiroler Jägern zu bilden und gegen Italien zu schicken. Daraus wird aber nichts.

Statt dessen erlebt er den Triumph, nach zahlreichen Eingaben noch einmal nach Rußland geschickt zu werden, freilich nur für sehr kurze Zeit. Er ist nicht mehr gesund genug. Bezeichnend sein Brief vom 26. August 1915 an Marion mit der Bitte, sie möchte auf dem Tuftenhof nach dem Rechten sehen und dafür sorgen, daß das Personal bleibt. »Das gibt mir viel Ruhe, wenn ich weiß, daß es da beim Alten bleibt und ich keine neue Welt vorfinden muß.«

Er kehrt heim, kränkelnd und mit einem Gebrechen, das ihn nun nie mehr verlassen wird: er hat keinen Appetit mehr. Wenn er von Behagen spricht, dann eigentlich nur noch vom Behagen an der Arbeit. Er schreibt »mit großem Behagen«, so versichert er seinen Briefpartnern. Aber nicht alle sind beglückt über das, was er jetzt schreibt.

»Liest Du eigentlich die ›Fackel‹ von Kraus?« fragt er Haußmann am 9. Mai 1916. »Wenn es Dir möglich ist, verschaffe Dir No. 423–425 vom Mai 1916. Darin ist eine Szene ›Die letzten Tage der Menschheit‹, die ich über alles Lob erhaben finde.« An diesem großen Anti-Kriegs-Drama entdeckt er aber nur: »Man kann nach dem Genusse dieser grausamen Satire kein österreichisches Blatt mehr lesen.«

Mehr sieht er nicht.

Dabei hat Kraus in seinem Stück nicht nur österreichische Verhältnisse geschildert, sondern auch sehr deutsche Phänomene, darunter einen nahen Thoma-Freund (was Thoma damals freilich nicht wissen kann): den vielbelachten, jetzt auch vielverachteten Ganghofer, der sich nicht scheut, im Touristendreß Frontbesuche zu machen und den Krieg in munteren Plaudereien zu verniedlichen.

Ganghofer ist da – der Sturm kann beginnen! ist eine *Simpl*-Karikatur betitelt. Thoma kann sie nicht verhindern. Und will es vielleicht auch gar nicht.

Er kennt diese »Schlachten-Feuilletonisten«. Und entgeht doch nicht der Gefahr, selber einer zu sein.

So passiert ihm zum Beispiel der Einakter *Christnacht 1914*, der in einem Schützengraben an der französischen Front spielt. Zwei Landwehrmänner tauschen in patriotischen Versen ihre Ansichten über Frankreich aus. Das klingt dann so:

». . . Dös is a Land,
i denk ma oft so allerhand,
bal (wenn) ma dös Sach und d' Leut o'schaugt,
da wo der Best no weni taugt . . .«

Und der zweite pflichtet bei:

»Müaßt i bei dera Bande leb'n –
dös schönste G'schloß möcht i net g'schenkt,
do waar i samt'n Geld no g'schlenkt.«

Gänzlich unerträglich wird die Sache, wenn der Hauptmann in gestelztem Hochdeutsch dazukommt und seine Anmerkungen zur Christnacht 1914 macht:

»In Frankreich drin und dicht am Feind
und alle brüderlich vereint
so viele hunderttausend Mann,
wer das erleben darf und kann,
dem bleibt für allen Lebensrest
das schönste – dieses Weihnachtsfest.«

Dann gibt es Punsch, und auch dieses harmlose Detail erfährt seine völkische Deutung:

»Der stimmt. Den hat ein Mann gebraut,
der fröhlich unsrer Kraft vertraut,
ein rechter Punsch für Heldentum
im Schützengraben – – lauter Rum!«

Gott sei Dank hat Thoma auch eine andere Christnacht

geschrieben – seine gereimte Weihnachtslegende *Heilige Nacht*, im Lenggrieser Dialekt. Die *Moral* ist sein einträglichstes, *Filser* sein berühmtestes, die *Heilige Nacht* ganz gewiß sein volkstümlichstes Werk. In vielen Gegenden gehört es zum Weihnachtsfest wie die Christmesse. Es ist die Geschichte von der Geburt des Heilands, ganz aus dem Blickwinkel eines Bauern für Bauern geschrieben:

»Die Hirten, die will es erbarmen,
wie elend das Kindlein sei.
Es ist eine G'schicht' für die Armen,
kein Reicher war nicht dabei.«

Im Jahr 1916, in dem dieses umfangreiche Gedicht entsteht, verliert er einen lieben Menschen. Georg Hirth stirbt 75jährig in Tegernsee, er war einer der wenigen, die Thoma schon bei seinen frühesten Anfängen zur Seite standen.

Melancholie und Grimm des einsamen Herrn auf dem Tuftenhof nehmen zu, je mehr zu seinen Zweifeln am raschen Endsieg ein Leiden tritt, das er sich bei seinem kurzen Frontaufenthalt zuzog: Thoma wird von rheumatischen Schmerzen geplagt, die ihn immer öfter zu Kuraufenthalten in Wiesbaden zwingen.

Seinem Freund Haußmann jedoch bezeigt er Heiterkeit: »Ich arbeite, kuriere meine Haxen mit Kneippkur (prachtvoll!), gehe viel ins Revier und warte ohne Nervosität auf den Tagesbericht. Des Fleisches und des Kritisierens enthalte ich mich und ich freue mich im stillen auf den Tag, da irgendein *American* einmal ins Tegernseer Tal kommt. Der kriegt Prügel, auch im Frieden. Bloß neutralitätshalber.«

Seit April 1917 kämpfen die USA auf der Seite der Alliierten gegen Deutschland.

Die Munterkeit der Feldpostbriefe ist geschwunden oder

zumindest stark reduziert; Briefe an Marion unterzeichnet er nicht mehr mit selbstverliehenen, scherzhaften Spitznamen, sondern schlicht mit »Ludwig«. Die Lust, am *Simplicissimus* mitzuschreiben, ist fast ganz dahin. Im Jahrgang 1915/1916 finden sich ganze drei Thoma-Beiträge.

Von der Lebensmittelbeschränkung spürt er nur gelegentlich etwas, wenn er die Speisekarte eines Münchner Restaurants liest. Er tut das aber sehr selten und kehrt, wenn er des *Simpls* wegen nach München kommt, lieber in Marions Wohnung ein. Die versteht es, allen Engpässen zum Trotz, immer noch herrliche Diners zu komponieren und sogar Zigarren aufzutreiben.

Wenn Thoma seiner Ex-Frau schreibt: »Ich habe einen Kaffee nach Tisch eingestellt; auch Abendessen lasse ich öfter aus . . .«, dann trägt er damit nicht den Zeitumständen Rechnung, sondern nur seiner Gesundheit. Seit seiner Ruhr funktionieren die Gedärme nicht so, wie sie sollen.

Aber obwohl seine Hochstimmung längst verflogen ist, nimmt er an den Kriegsereignissen so aktiv teil, wie ihm das noch möglich ist. Er zeichnet Kriegsanleihen in Höhe von 50000 Mark und verhindert, daß in der Presse darüber eine Meldung erscheint. Im November 1917 stellt er sich der von Großadmiral Tirpitz gegründeten *Vaterlandspartei* als Redner zur Verfügung und spricht auf einer Münchner Kundgebung. Dabei beschränkt er sich nicht auf Durchhalteparolen, sondern fordert seine Zuhörer sogar auf, der Berliner Regierung keine Friedensabsichten zu erlauben.

Das ist die Zeit, in welcher der gutmütige und äußerst tolerante Haußmann den Briefwechsel mit Thoma abbricht. Ein Dialog scheint ihm bei so gegensätzlichen Ansichten nicht mehr möglich zu sein.

Heftige Auseinandersetzungen waren diesem Bruch vorausgegangen, in denen Thoma seinen Glauben an Europa bedauerte und aller Demokratie abschwor:

»An Parlamente glaube ich nicht mehr. Daß in ihnen der Volkswille zur Geltung kommt, halte ich für Schwindel. In Frankreich hat jeder Parlamentarier Revanche-Ideen fördern *müssen*, in England hat Grey ohne Wissen des Parlamentes sich für den Krieg verpflichtet, in Italien hat die notorische Majorität gegen den Krieg an einem Tag umsatteln müssen, in Amerika hat, obwohl es alle sahen und alle Rechtlichen verurteilten, der Präsident den Schergen des Kapitalistenklüngels gemacht.

Ich glaube viel stärker als je, daß nur eine gesunde, auf Tradition sich aufbauende Monarchie Schutz gewährt gegen die Pest der großen Vermögen.«

Mit sich selbst geht er anscheinend zu Gericht, wenn er seinen Gesinnungswandel vor Haußmann wie folgt zu motivieren versucht: »Ich bin stumm geworden. Das ist nicht Bequemlichkeit, vielmehr die Überzeugung, daß ich in vergangenen Tagen über alles und noch einiges leichtfertig und falsch urteilte.

Ich mache nicht pater peccavi, aber mir fehlt die Lust am Rechthaben und am Klugsein. Wenn es mich juckte, über die Dummheit des Beamtentums, dessen Bankerott in den heutigen Verpflegungsschwierigkeiten besiegelt ist, etwas zu sagen oder gar zu schreiben, dann hatte ich das Gefühl, an abgerissene Fäden anzuknüpfen, und ich konnte nicht mehr.

Das unbekümmerte Maulaufreißen aus Schlemihlszeiten kommt mir heute recht klein und jämmerlich vor.

Ich bin nicht sentimental oder gar pessimistisch. Mich

reut von dem verlogenen Europäertum, das in Fetzen gerissen ist, gar nichts. Aber ich stehe fest, weil ich glaube.

Glauben und Kritik vertragen sich nicht.

Du sitzt an anderen Quellen, hast andere Aufgaben und ein anders gestaltetes Recht zur Teilnahme an der Politik. Ich war Bierbankpolitiker mit Tinte.«

Haußmann hatte das mit Kopfschütteln gelesen, doch seinen Freund noch nicht ganz aufgegeben, als er sich, als *März*-Mitarbeiter, berechtigt fühlte, Thoma einen neutralen Schweizer Kriegsberichterstatter zu empfehlen – Hermann Stegemann vom *Berner Bund*.

Darauf hatte Thoma geantwortet: »Ich will Stegemann nicht verkleinern, aber seine schweizerische Kühle und seine Gabe, objektiv zu sein, sind mir fremd und unsympathisch.

Ich übersetze mir alle Nachrichten ins Optimistische und vertraue und sage mir, vor es Deutschland schlecht geht, muß ich auch mit den andern hin werden. Diese letzte Möglichkeit bleibt immer. Ich trage einen glühenden Ofen in mir herum, auf dem alle Sachlichkeit und Gerechtigkeit schmilzt . . .«

Seine Erklärung, sich nie mehr mit Sachlichkeit und Allerweltsgerechtigkeit einzulassen, hatte den Bruch perfekt gemacht. Denn damit hatte Thoma die einzige Basis zerstört, auf der ehrlich bemühte Auseinandersetzungen zwischen den beiden Männern möglich waren.

An die Stelle Haußmanns tritt in diesen Monaten der 45jährige, in Rosenheim lebende Schriftsteller Josef Hofmiller, ein Verehrer des Thoma-Werkes und ein Mann, der immer die Distanz des Verehrers halten wird, auch wenn er häufig mit Ratschlägen und Anregungen in die Überlegungen des berühmten Kollegen eingreift. Hofmiller ist Herausgeber der *Süddeutschen Monatshefte* und hofft auf Beiträge.

Thoma bedauert. Auch der Idee, seine Bücher zu einer Ausgabe »gesammelter Werke« zusammenzustellen, steht er ablehnend gegenüber, denn, so meint er, »am Ende ist es doch eine Art Resignation, ein Zu-Grabe-Steigen . . .«

Dafür ist noch Zeit genug, wie er meint, zunächst will er sich ganz in die wildbewegte Gegenwart stürzen. Vorlesungen hat er meist abgelehnt, weil er meinte, ein schlechter Vorleser zu sein. Außerdem hatte er es zeitlebens für Prostitution gehalten, wenn ein Schriftsteller etwas abliest, was sein Publikum in bereits gedruckten Büchern haben kann. Eitelkeit, Neugier, Prostitution . . .

Jetzt, im Jahr 1917, ist er jedoch zu öffentlichen Auftritten bereit. Er ist zu allem bereit. Sogar zu einem Bündnis mit Institutionen, die ihm sonst zuwider sind. So schreibt er am 14. August an Marion: »Am Samstagvormittag muß ich in München bleiben. Ich bin eingeladen im Ministerium, zu einer Beratung, wie man möglichst zur Erhaltung der guten Stimmung durch Artikel usw. beitragen kann.«

Olaf Gulbransson ist nach Berlin ins Auswärtige Amt geholt worden und zeichnet dort unter Anleitung einiger Ministerialbeamter politische Karikaturen, die im neutralen Ausland Stimmung für Deutschland machen sollen.

Doch Thoma findet, Gulbransson müsse wieder nach München und seine Ideen von *Simpl*-Leuten eingeimpft bekommen. »Die letzten Zeichnungen Olafs zeigen, wie sich der arme Kerl mit den dürftigen Bildideen herumquält und Unzulängliches schafft.

Er selber kann nicht selbständig vorgehen, dazu fehlt

ihm der Blick fürs Politische und Historische. Wir im Simpl können Olaf 30 gute Ideen geben, bis den Herren eine schlechte einfällt. Das geht aus dem Handgelenk.

Wozu also in Berlin hocken? Von München aus könnten die Propagandisten genauso viele Zeichnungen haben, als sie wollen oder brauchen. Haben sie *bestimmte* Vorkommnisse im Auge, genügen etliche Zeilen, und wir machen ihnen hier jede Satire darauf, die sie wünschen.«

Aus der Feder des ehemals in Berlin vielgefürchteten Satirikers ist dieses Angebot einigermaßen makaber.

Jeden Gedanken an ein politisch bewirktes Ende des großen Mordens verdrängt er und wird seinen Redaktionskollegen dadurch fast unheimlich. Als man ihn bittet, einen seiner eisenfresserischen Artikel etwas abzuändern, explodiert er. An Geheeb schickt er den folgenden Brandbrief: »Da hocken sich diese Dreckhunde in der Redaktion zusammen und beschließen, mich zu refusieren. In 20 Jahren ist mir das nicht passiert ... Ich verlange, daß das Gedicht in den Simplicissimus kommt ...

Es tut mir leid, Alter, daß ich Dich mit dem dummen Zeug plagen muß. Aber am Ende ist es gut für die ganze Situation, daß einmal das Gewitter die Luft reinigt.

Diese Jammerlappen, die Eier unbeaufsichtigt und frei in den Simplicissimus legen, sich gegenseitig aussingen und andichten und jeden Tag gegen mich frecher wurden, weil sie meine Gutmütigkeit überschätzten, auch wohl meine Gleichgültigkeit, mußten einmal richtig gebürstet werden.«

Er fühlt sich von Heine überrollt und droht damit, die Leitung des *Simpl* wieder persönlich zu übernehmen. In Wirklichkeit aber wird sein Interesse an dieser Zeitschrift immer geringer.

14

»... ich wünsche Dir, daß Du ein festes Glück bei einem Manne findest, der innerlich und äußerlich mehr zu Dir paßt als ich ... Immer werde ich gut zu Dir sein und Dir alles Glück wünschen.«

Mit diesem Brief vom 25. September 1918 teilt Thoma Marion mit, daß er an eine Wiedervereinigung nicht mehr glaube und eine neue Herzensbindung eingegangen sei. Marion fühlt sich verstoßen, meldet sich mit tränenerstickter Stimme am Telefon und beklagt sich über ihr verpfuschtes Leben.

Thoma bittet: »Geh, sei tapfer und gescheit ... Wenn ich wirklich noch ein Familienleben finde, gönn's mir, mein Kätzlich, und weine keine Tränen in mein Glück.«

Wird er unter den Töchtern der guten altbayrischen Familien wählen, die er so oft verklärt hat? Er ist Anfang fünfzig und ein berühmter Mann und gutbetuchter Hausbesitzer. Die allermeisten Türen würden ihm dort offenstehen ... Doch trifft er wieder eine Wahl, die den konservativen Gemütern unter seinen Anhängern, vor allem jenen, die später in ihm einen Blut-und-Boden-Dichter sehen wollen, unverständlich und bedenklich erscheint. Nach dem hübschen Mischlingsmädchen Marion, die er gern sein »schwarzes Mädel« nannte, entscheidet er sich für eine Jüdin, eine Frau aus der von völkischen Kreisen so stark bekämpften Frankfurter Bankierswelt.

Thoma steht in jenen Jahren den Antisemiten nicht gar so fern, hat sich auch gelegentlich vor Freunden hinreißen lassen, Heine »Judenbengel« zu titulieren, und muß sich in seinem Rassen- und Klassendenken von der Frau, die er umwirbt, manches kritische Wort sagen lassen.

Maidi von Liebermann, eine kleine, rundliche Frau mit sanftem Gesicht und klugen Augen, stammt aus der Sekt-Dynastie Feist-Belmont und ist seit mehreren Jahren unglücklich mit dem Berliner von Liebermann verheiratet, einem Mann, der in der Geschäftswelt als glückloser Abenteurer und Schmarotzer gilt.

1904 sah sie Thoma zum erstenmal. Das war im Nürnberger Haus des Bleistiftfabrikanten Faber. Ein Intermezzo, das sich Thoma und Freund Taschner während einer mehrtägigen Radtour gegönnt hatten.

Damals war es zwischen Maidi und dem Schriftsteller nur zu ein paar belanglosen Worten gekommen, obwohl Maidi – wie Thoma sehr wohl bemerkte – durchaus zum Flirten aufgelegt war. Er hatte das aber seinem jungen Autorenruhm und nicht seiner Person zugeschrieben.

Jetzt, 1918, ist sie wieder zu haben, denn ihre Ehe ist innerlich längst aufgelöst.

Was in diesen vierzehn Jahren geschehen beziehungsweise *nicht* geschehen ist, liest sich bei Thoma so:

»Schon im Oktober 1905 sagte mir Frau Ganghofer, daß Fräulein Mädi Feist mich gerne genommen hätte! Hätte sie mir ein Messer ins Herz gestoßen, wär's mir leichter gewesen.

Von dem Tag an war ich unglücklich ...

Mein Glück verscherzt, verludert.

Denn das glaubte ich doch, mußte ich glauben.

Wie sollte das feine, liebe Ding noch anders als mit Verachtung an mich denken?

Und doch!

1907, 1908, 1909 – jetzt weiß ich es – hätte sie mich an jedem Tag genommen, an dem ich mich befreit hätte ...

Vier Sommer 1911–1914 war Mädie hier in Egern. Ich sah sie und ihr Kind, wußte nicht, wie unglücklich sie war und scheute mich, sie öfter zu besuchen, um nicht das bißchen Ruhe ganz zu verlieren.

Dann hörte ich 1916, daß sie in schlechten Verhältnissen in Berlin lebte. Ich schickte ihr damals meine ›Heilige Nacht‹. Sie ließ mir mündlich danken.

Heuer – im August 1918 – sah ich sie wieder, hier in Egern. Sie war zu Besuch bei einer Freundin.

Und da nahm mich doch das Schicksal endlich beim Kragen und ließ mich sie endlich bitten, mich zu besuchen.

Sie kam mit ihrer Freundin, kam wieder, und beim drittenmal, als wir allein am Brunnen saßen, machte ich ein paar Bemerkungen über mein verfehltes Leben. Am nächsten Morgen, als ich sie abholte, fragte sie in ihrer schlichten, geraden Art, ob sie das sei, auf die ich angespielt habe.

Ein Wort gab das andere. Wir mußten beide weinen, um ein versäumtes Glück. Aber ... von da ab wußten wir, daß wir einander liebten. Wir schrieben uns, im September kam sie wieder; im November ging ich nach Frankfurt zu ihrer Mama – die glücklich ist über die Wendung – und schon im Oktober hatten wir uns fest versprochen, daß wir nicht mehr von einander lassen.

Im November eröffnete sie das klipp und klar dem Herrn von Liebermann. Der Ehemann sieht durch Verlust Maidis sich jeder Möglichkeit, weitere Geschäfte auf den Kredit von Feist zu machen, beraubt. Vielleicht ist das Unglück, das er zu empfinden vorgibt, nicht ganz gespielt. Jedenfalls stellt er sich auf den formellen Standpunkt; will nicht einwilligen, verlangt eine Probezeit usw. Indes gibt es hier Auswege. Er hat nichts, seine reichen Brüder werden ihm kaum was geben, und so wird er am Ende doch die Rente annehmen müssen, die ihm die Familie Feist bietet, wenn er klein beigibt.

Kämpfe wird es noch kosten, doch sie schrecken mich nicht, und Mädie ist fest entschlossen trotz des Mitleids, das sie mit dem haltlosen Kerl immer noch hat.«

Was aber kann ihn in jenen Jahren davon abgehalten haben, seine Liebe zu gestehen? Thoma erklärt das mit einem Grund, den man ihm nicht leicht glauben kann. Er erklärt es mit seiner Scheu vor der Geldwelt. »Wie's halt ist, wenn man in kleinen Verhältnissen schon tief in die Dreißig gewachsen ist und glaubt, auf der anderen Seite sei die andere Welt, die auf Geld sieht, weil sie fürs Geld lebt. Ich fürchtete Zurückweisung und schwieg.«

»Scheu« ist freilich ein zartes Wort, erinnert man sich der massiven Verachtung, die Thoma aus tiefstem Herzen für den »Kapitalistenklüngel« empfand.

Thoma war in Gelddingen nie besonders empfindlich. Dazu muß man sich nur sein forsches Vorgehen bei Langens Enteignung in Erinnerung rufen.

Reiche Leute imponierten ihm nie. Kurz bevor er Maidi zum erstenmal sah, hieß einer seiner Slogans »Lieber tot als ein lebendiger Rothschild!« Und dieser Mann soll aus Scheu vor der Geldwelt den Mund gehalten haben?

Vielleicht sieht er das jetzt – im Jahr 1918 – so, weil er es so sehen will. Und es ist ja auch für ihn ganz unerheblich; denn er glaubt, das Versäumte nachholen zu können, und genießt ein neues Hochgefühl. Manchmal telefoniert und schreibt er jeden Tag nach Berlin.

Rottach, den 15. August 1918:

»Meine liebste Mädi, meine Hoffnung, mein Leben, herzliebster Schatz, was müßte ich Dir alles für Namen geben, um doch nicht sagen zu können, was ich für Dich fühle, denn alles wäre zu schwach.

Hör aber hier ein paar Worte, was ich Dir auch im längsten Brief nicht ernsthafter sagen könnte und glaube doch, daß mich nichts in der Welt dazu bringen könnte, in einer Silbe unwahr zu sein. Ich kämpfe um Dich, jeder Wunsch, jeder Gedanke ist nur auf das eine gerichtet: Du mußt die meine werden, die liebe, stolze Frau, der ich die Arbeit meines Lebens zu Füßen legen darf, die Herrin hier und mein einziger Kamerad.

Gelingt es mir, Dich zu erringen, dann ist der Weg noch weit, und schön und sonnig, und ich will Dir mehr wie einen Ehrenkranz heimbringen, der Dich schmücken soll, bloß Dich, immer Dich, Du Liebe.

Gelingt es nicht – dann hab ich doch um mein Bestes gekämpft und habe meinem Leben Inhalt gegeben, den es nicht hatte; darum ist es leer geblieben bis zu dem Tag, wo ich dir's sagte, daß Dein Bild in meinem Herzen ist.

Glaub daran, Liebste. Ich lebe für Dich, durch die Hoffnung, Dich erringen zu dürfen, sonst hätte keine Stunde mehr Wert für mich.

Mein Herz klopft, da ich Dir schreibe – aber daß ich Dir schreibe, ist ja schon so viel Gewinn, ist so viel näher dem Ziel, daß ich aus tiefstem Herzen dankbar bin.

Es hätte mir geschehen können, daß ich schweigend daran zu Grunde gegangen wäre, daß Du's nie gewußt hättest, wie Du immer, immer die Königin warst.

Nun ist's doch gesagt, herunter vom Herzen; Gott kann

mich nicht so strafen, daß ich in die alte Hoffnungslosigkeit zurückfallen muß . . .«

Rottach, 16. August 1918:

»Mein Herz, Du sagtest, ich solle bald schreiben; ich muß es gleich tun. Es muß das erste sein, denn was anderes hat für mich kaum mehr Sinn und Bedeutung. Ich bin in meinem Hause fremd. Alles, was ich um mich herum sehe, hat keine Beziehung mehr zu mir. Das war doch alles nichts in diesen letzten zehn Jahren, die das stillste, herzlichste Glück sein hätten können. Früher ahnte ich es, jetzt weiß ich es.

Meine Gedanken fliegen zu Dir, klopfen an Dein Fenster, Du liebes Mädel, und müssen draußen bleiben . . .

Da schicke ich Dir mein Häusel. Es ist leer und ausgestorben. Aber die Türe ist offen, Mädel; das Glück kann hereinkommen. Sieh Dir nur das Bild an. Die Tür ist sperrangelweit offen.

Ich schicke Dir Grüße. Jede Minute schickt Dir mehr als sie Sekunden hat. Und sei nicht bös, ich schicke Dir tausend Küsse . . .

Noch eins muß ich Dir sagen, Du liebes gutes Mädel, gelt, ich will Dich nicht quälen, nicht drängen, könnte ich Dir die Hände unterlegen, daß Dein Weg immer leicht und gut zu Deinem Glück führt, das wäre mein Wunsch. Nur bitten, innig bitten will ich Dich, zweifle nie, in keiner Stunde, wann es auch ist, an meinem Ernste; Du mußt wissen, daß Du Herrin über mein Schicksal bist. Du allein. Neben Dir gibt es nichts, wird es nie etwas geben, was mir auch nur eine Minute Zaudern oder Nachdenken schafft. Ganz gewiß nicht, Du teuerstes, liebstes Mädel.

Maidi von Liebermann, als Thoma sie zum erstenmal sah

Gibst Du mir das Recht, glücklich zu werden, so nehme ich es an jedem Tag als Geschenk aus Deiner Hand, und mein Leben für Dich wird mein Dank sein.

Du kannst darüber verwundert sein, ja. Weil Du es so plötzlich vor Dir siehst; ich aber, mein Mädel, ich habe in vielen langen Jahren danach gedürstet, hab's herumgetragen; jedes Wort, das ich Dir schreibe, habe ich hundertmal in Gedanken zu Dir gesprochen.

Überall, wo ich bin, bist Du und warst Du, seitdem der Gedanke an die Möglichkeit, Dich erwarten zu dürfen und es verscherzt zu haben, wie Feuer an mir zehrt.

Darum ist es nicht plötzlich gekommen. Es ist mein tausendmal gedachter und überlegter Wunsch und darum glaube an mich.«

Rottach, 18. August 1918:

»Ich mag nicht sagen, wie ich leide, liebstes Mädel. Wenn ich ein paar helle Töne höre, wie von Hoffnung, dann kommt es gleich wieder dumpf, wie von Grabgeläute. Verpfuschtes Leben. Verlorenes Leben. Und das schlimmste, das quälendste, daß ich nun weiß, Du hast Sorgen und Entbehrungen dulden müssen, und ich habe fremden Menschen, die mich nichts angehen, geholfen, habe ihnen Existenz und Behaglichkeit gegeben, und die Einzige, für die ich arbeiten will, die meiner Arbeit Sinn und Zweck gibt, hat weinen müssen aus Sorge; bin ich nicht ein Narr, ist mir nicht alles, was andere für Glück halten, zum Unglück ausgeschlagen?

Ich hasse das Geld und das Wohlleben um mich herum; ich darf nicht tun, was der ärmste Tagelöhner tut, schaffen und sorgen für meinen Schatz.«

(Zweiter Brief vom selben Tag:)

»Mein liebes, gutes Mädel, darf ich so schreiben? Wenn es Dir ein einziges peinliches Wort verursacht, bin ich unglücklich, denn ganz gewiß ist mein künftiges Denken nur mehr darauf gerichtet, Dir zu zeigen, daß ich Deiner nicht unwert gewesen wäre, wenn – ja, wenn ich nicht blind, schüchtern, töricht und allerhand anderes gewesen wäre. Ich zwinge mich, meine Gedanken von der Vergangenheit abzuwenden, denn dieses dumpfe ›verpfuscht, verpfuscht . . .‹, das mir hineintönt, macht mich elend.

Ich zwinge mich, denn ich soll und muß ruhig sein.

Aber die Grausamkeit wehrst Du von mir ab, daß ich nicht gehindert werde, Dir der beste, treueste Freund zu sein und zu bleiben.

Hast Du Sorgen und Kummer durchgemacht, so meine ich, darfst Du auch dieses Recht beanspruchen, einem Manne, der keine anderen Gedanken mehr haben kann als Deine Ruhe und Dein Glück, ein verlorenes Leben damit zu verschönen, daß Du ihm Deine zarte Freundschaft schenkst.

So viele Jahre einsam, von Reue zerfressen, zwecklos arbeitend, gegen jeden Erfolg gleichgültig, ach wie dürste ich nach einem lieben Worte. Mein Herz ist so wund, so zerrissen; wer darf Dich hindern, gütig gegen mich zu sein? Nur Du allein hast das Recht, mir Deine Freundschaft zu versagen.

Jeder Herzschlag hämmert mir Deinen Namen ins Ohr; wendest Du Dich ab, dann bin ich fertig. Wer soll mich zwingen, arm und elend zu sein? Willst Du mein treuer Kamerad sein, dann gibst Du meinem Leben noch einmal Zweck und Inhalt . . .«

Rottach, 22. August 1918:

»... Ein Tag München – und hier der goldigste Sonnenschein und der See so tiefblau. Das hat heute ein Postillon geblasen, und ich war gleich in Träumen. Vor vierzehn Jahren ein Wagen bei Guggemoos, ein junges Paar drin auf dem Weg nach Miesbach, viele Menschen auf der Straße, alle festlich, alle voll guter Wünsche, denn sie gönnten dem Mann, den sie ehrten und liebten, das Mädel darum, daß es neben ihm ein Schmuck der Heimat würde.

Dann hörte der Postillon auf – und der Traum ...

Ja, von mir mußt Du noch allerlei hören, denn ich las, daß ich das Schicksal in der Hand gehabt hätte. Ach nein! Liebe, es stand neben mir, so nahe, aber ich konnte es nicht sehen. Hätte ich gewagt, es nur zu glauben – dann hätt' der Postillon wirklich nicht bloß für den Traum geblasen.

Ich war damals am Anfang des Erfolges. Wer hätte ihn mir geglaubt? Was ich selber in Kopf und Herzen hatte, wußte kein anderer, und eigentlich erst später fühlte ich, daß ich tausendmal mehr in mir hatte, als ich gab und daß alles erst recht wuchs, wenn ich Früchte gab. Ich hatte die Scheu der Kleinen vor dem Reichtum, beinahe Abneigung dagegen; gar keinen Mut gegen die Möglichkeit, ausgelacht zu werden, und doch Schneid wie hundert Bauernbuben. Aus der Ferne liebte ich sie, die eine, und wünschte mir, die wäre ein Bürgermädel oder ein Tegernseer Bauerndirndl; wäre mir kein Fenster zu hoch gewesen. So schwieg ich, und niemand von den gescheiten Leuten redete zu mir ...

Warum gab mir die Natur nicht mehr leichteren Sinn gegen andere? Mein Leben habe ich immer so gering geachtet, war nie ängstlich, sorgte immer für Geschwister und andere, lachte über Kümmernisse und Zukunftssorgen, war am fidelsten, wenn ich nichts hatte – und die billigen Tränen eines berechnenden Wesens nahm ich so ernst und glaubte an *Pflicht*! Dann wurde ich frei und das Schicksal zog mir grinsend das Glück vor den Augen weg. Das hat am meisten geschmerzt, als ich hörte: sie hat ihre Hand einem anderen gegeben.

Was war nun Freiheit?

Nichts mehr wie Arbeit und Resignation. Wie viele haben mich darum angesprochen, um diese Müdigkeit! Und ein paar Bücher gab es, aus denen kluge Menschen herauslasen, wie es um mich stand. Magdalena, Wittiber, Heilige Nacht. Da drin steht versteckt sehr viel von Sehnsucht und Schmerz.

Ja, teures, liebes, liebstes Mädel, es war so, als hätte mir unser Herrgott das Herz aufgeschlossen, wie ich glaubte, mit allem Glück der Welt fertig zu sein. Früher mußte ich überlegen, nachdenken, Pläne machen; in diesen Jahren tiefer Verlassenheit sprang mir ein Quell im Herzen auf, und ich hätte dreimal mehr schaffen können als ich schuf. Ich mochte nicht. Und wußte, daß ich das beste, viel besseres als das bisherige, erst noch geben würde. Ich fühlte, wie ich innerlich wuchs, abklärte, reich wurde; kein Lob, kein Tadel rührte mich an. Ich sagte zu mir selber: Wenn ich wollte, ich gäb euch genug zum Verwundern. Aber für wen? Um einsam in meiner Stube zu lesen, daß mich die und die Zeitung für den Stärksten erklärte – oder die und die Zeitung herunterriß?

Ich gab so von obenhin, was mich gerade freute.

Nein, mein Mädel, ich hatte mein Schicksal nicht in der Hand. Mein Leben war Arbeit und war Behagen am Kleinen.

Du warst ein Stern, warst aus einer anderen Welt. Eine arme halbe Stunde Plaudern hätte mich überzeugt, daß für uns die gleiche Sonne und der gleiche Mond am Himmel stehen ...

Reue tut weh und ist doch töricht, wenn lebendiges Leben alles noch gut machen kann.

Ich habe vielen tausend Menschen frohe Stunden bereitet, ich verlange von unserem Herrgott noch einen letzten, schönen Rest meines Lebens.

Ich bin so jung geworden in zwei Wochen, die Resignation ist weg, ich kämpfe um mein Glück; keine Stunde bin ich mehr müde, und ist unser Herrgott gerecht und klug, dann segnet er meine Arbeit, die unendlich wertvoller sein soll als das bißchen, was ich seither getan habe ...«

15

Maidi zögert.

Zwar bezeichnet sich Thoma als ihr »willenloser Knecht«, doch weiß sie sehr genau, daß man das Jahr 1918 schreibt, nicht mehr 1904. Der Mann ist starrer und eigenbrötlerischer geworden, zurückgefallen in sein Junggesellentum, in seinen Gewohnheiten und Rücksichtslosigkeiten seit der Trennung von Marion noch sturer, noch verknöcherter als damals (als er immerhin auch schon 37 Jahre als Hagestolz gelebt hatte).

Thoma drängt. Doch die gescheite Frau, die über den ersten und auch schon über den zweiten Frühling hinaus ist, weiß, daß es schwer sein wird, den Illusionen, denen er sich hingibt, zu entsprechen. Ihr Zögern, äußerlich durch die schwierigen Scheidungsverhandlungen motiviert, wird über zwei Jahre dauern. Vieles ist zu bedenken, und einiges davon bereitet ihr Unbehagen. – Zum Beispiel seine Art, Marion herabzusetzen, um sie, Maidi, besser idealisieren zu können.

Seine Liebe zu »Kätzlich« will er nun nur noch als »Schwäche« sehen. Erst war sie in seinen Augen ein durch und durch natürliches Geschöpf, dann lange Zeit ein »dummes Kind«. In der Zeit, in der er Maidi umwirbt, spricht er jedoch nur noch von den »billigen Tränen eines *berechnenden* Wesens«.

Alles kann man dem Stimmungsmenschen Marion alias Marietta vorwerfen, nur nicht, daß sie Ausdauer und Disziplin aufbrachte, um nach irgendwelchen Berechnungen vorzugehen.

Maidi von Liebermann weiß, sie wird es schwerhaben mit einem Mann, der Reue als die höchste aller Qualen ansieht und sich angesichts seiner gescheiterten Ehe nur insoweit zur Selbstkritik aufschwingen kann, daß er sich einen Dummkopf nennt und bereut, Marion geliebt zu haben.

Sind für einen solchen Mann nicht *alle* Frauen die falschen? Soll man sich an einen Einsiedler binden, der alle Menschen, die ihm nähertreten, als Störung seines Lebensgesetzes empfindet? Natürlich ist er überzeugt, daß mit Maidi alles anders wird. Doch beim Studium seiner Marion-Briefe (er hat ihr erlaubt, darin zu lesen) entdeckt sie, wie sich Parallelen anbahnen.

Da ist zunächst seine harmlose Neigung, Frauen, die ihn interessieren, umzutaufen. Aus Marietta machte er Marion; Maidi schreibt er am liebsten »Mädi«. Schon schickt er sich an, auch aus ihr ein Kindchen zu machen. Tituliert er sie anfangs »Du liebe, dantschige, runde Frau Doktor« (er meint: Frau Doktor Thoma), so spricht er sie schon sehr bald mit dem Kosenamen »Möppche« an, ohne zu bemerken, daß die elegante und in großbürgerlichen Verhältnissen aufgewachsene Maidi von Liebermann durch diese hemdsärmelige Liebesbezeugung zunächst verstört ist. Zudem fühlt sie sich durch den Hundenamen Möppche etwas irritiert.

Doch Thoma, seine Unsicherheit auf diesem Gebiet mannhaft überspielend, gibt sich weiter als verfluchter Kerl, der nur durch seine einundfünfzig Jahre davon abgehalten werden kann, an Maidis Berliner Haus eine Leiter anzulegen und nach Väterbrauch zu fensterln. Dieses Bauernburschenspiel erinnert fatal an die Marionzeit. Maidi entgeht das nicht.

Einmal schreibt er ihr, daß er ein Kind von ihr möchte. Doch was soll sie davon halten, wenn sie folgende Begründung lesen muß: ». . . es täte sich wohl schicken, wenn noch einmal was Lebendiges vom alten Oberförster in der Riß durch den Bergwald laufen würde.« Kein Wort von Vaterfreuden. Er will einen Enkel für Großvater Thoma.

Wie gesagt, für Maidi von Liebermann gibt es viel zu bedenken. Und sie sichert sich reichlich Bedenkzeit und reichlich Distanz – und das in einer Zeit, in der Thoma besonders einsam ist . . .

Das Ende des Ersten Weltkriegs trifft ihn furchtbar, nicht das Ausmaß der europäischen Katastrophe, sondern die Tatsache, daß Deutschland »nicht gewonnen« hat.

Daß bei einem Krieg *niemand* Sieger ist, will er nicht mehr einsehen, und die kurze Spanne, die ihm noch zu leben bleibt, wird nicht ausreichen, ihn wieder einsichtiger zu machen. Er spielt Tag für Tag eine Art ›Nach-Tarock‹, indem er auszurechnen versucht, wie diese und jene Schlacht hätte anders verlaufen können. Jeden, der ihm in dieser Zeit begegnet, spannt er in diese quälenden, bohrenden Grübeleien ein.

Während Thoma sich verkriecht, läßt Ganghofer wieder einmal pathetische Sprüche knallen. Er verlangt sein Jagdgewehr und kündigt an, er werde sich erschießen. Er *kündigt an*, statt sich das Gewehr zu *nehmen*.

Natürlich lebt er weiter. Der Mann, der sich gern als »glücklichsten Menschen der Welt« bezeichnet, kauft eine Villa am Tegernsee und lebt nun in unmittelbarer Nähe seines Freundes Ludwig Thoma.

Ihm gelingt es leichter als dem Satiriker, sich auf die neue Zeit einzustellen. Gegenwärtig ist er restlos begeistert vom neuen Medium Film und darf sich von mehreren Kinoproduzenten umworben fühlen.

Schon 1910 hatte er ein Filmtreatment *Die Wahrheit* geschrieben; jetzt – 1918 – schließt er im Bahnhofsrestaurant von Garmisch mit dem Filmproduzenten Ostermayer einen Vertrag über sechs Filme, die nach Romanen Ganghofers gedreht werden sollen.

Wieder einmal packt Thoma der blanke Neid. Zwar ist er auf das Kino sehr schlecht zu sprechen. Doch seine Angst vor der neuen Zeit läßt ihn wirtschaftliche Schwierigkeiten befürchten, und so ist er angesichts der Honorare, die im Filmgewerbe locken, vorübergehend bereit, seine harten Urteile zu vergessen. Urteile wie: »Sehen alle diese Leute, was unsere städtische Jugend vergiften kann? Wie im Kino nur mehr verlogene Sentimentalität gezeigt wird, wie Ehe,

Ehebruch, die Jagd nach dem Manne, die dreckigste Sinnlichkeit dem Judenkonsortium in Berlin Stoffe zu ›heiteren Films‹ geben müssen?«

Er resigniert: »Das Kino ist eine Pest geworden; dagegen gibt's nichts mehr.« (Immerhin ist er kein radikaler Kostverächter, sondern schaut sich alle Asta-Nielsen-Filme an, manche sogar mehrmals.)

Und so arbeitet auch er schließlich an Filmprojekten. An Maidi wird er darüber schreiben: ». . . oft denke ich, wenn ich nur die geringste Verbindung mit einer amerikanischen Filmgesellschaft hätte. Ich könnte nebenher im Jahr 6–8 historische Films zusammenschmieren. Nichts leichter wie das. Aber für Berlin mag ich nicht arbeiten, schon weil sie viel zu schlecht zahlen und zu schlecht filmen.«

Das schreibt er zu einer Zeit, in der sich alle Welt, die USA eingeschlossen, an Berliner Regisseuren zu orientieren beginnen!

Amerikanische Filmpläne werden ihn weiter beschäftigen, ohne daß es je zu einem Abschluß kommt. Bis zu seinem Tod bilden diesbezügliche Erwägungen einen festen Bestandteil seiner Korrespondenz mit Maidi von Liebermann: Er hat Erzählungen nach New York geschickt, aber eigentlich möchte er etwas Neues schreiben und nicht, wie Ganghofer, alte Sachen bearbeiten lassen oder bearbeiten.

»Ich habe nach New York geschrieben, wie und wo ich historische Filme gut unterbringen kann. Es wäre doch zu fein, wenn ich mir damit etliche tausend Dollars verdienen könnte. Schwer ist die Aufgabe gar nicht. Mir schwebt schon einer vor: Robespierre. Da würde sich's rentieren, daß ich von jung auf Geschichte studierte . . .«

Filmdrehbücher zu schreiben ist in den Nachkriegsjahren fast die einzige Neuerung, der sich Thoma nicht verschließt. Im übrigen ist er völlig dem Spießbürgerlaster der Intoleranz verfallen – dem Spießbürgerlaster, »im gewohnheitsmäßigen Festhalten an einer Meinung ein Verdienst zu erblicken«. Statt seinen Lebenszweck im Dazulernen zu erblicken – wie er sich geschworen hat –, riegelt er sich ab und baut sich aus den Morgenzeitungen einen Wall, um sich nur noch besser einigeln zu können.

Seine Rivalen, die ihn jung erhielten, Wedekind zum Beispiel, sind tot; auch der Geist des alten *Simplicissimus*, der in Heiterkeit und unbekümmerter Streitlust, in der täglichen Herausforderung und im Improvisieren seine stärksten Kräfte fand, ist dahin. Thoma spürt, daß er für den *Simpl* zu alt geworden ist, und das läßt ihn eine Fechterstellung einnehmen: er hat sich gewandelt, also muß auch der *Simpl* sich wandeln.

Aber was ist sein Programm? Ist das ein Programm, das für die Redaktion akzeptabel ist? Wohl kaum. Zu deutlich gibt der frühgealterte Satiriker seine anti-republikanische Gesinnung von sich. So deutlich, daß sich die bayrische Regierung sogar genötigt sieht, Thomas Stücke aus dem Repertoire des Nationaltheaters entfernen zu lassen.

Und Thoma quittiert das, indem er sich immer tiefer in ein unkünstlerisches und kunstfeindliches Programm von der »Wiedergeburt deutscher Kunst« hineinträumt, ohne dem Fortleben der Kunst mehr als einen gelegentlichen ärgerlichen Seitenblick zu widmen. Viele, die das freiheitliche Denken des *Simplicissimus* aufgreifen und in einer neuen Zeit neu vertreten, nennt er nun »gewissenlose Hunde«. Alles, was sich in den Kulturzentren tut, stellt sich ihm aus dem Tuftener Blickwinkel als »Asphaltkultur« dar.

Und nichts kann ihn dazu bewegen, sich mit diesen Bewegungen ernsthaft auseinanderzusetzen, Einblick zu nehmen:

»Manuskripte lese ich nicht. Es geht nicht. Wenn man da Pflichtgefühl hat, ist man lackiert.

Es ist wirklich grober Unfug, seine Sachen an Schriftsteller zu schicken.

Weiß denn einer, ob er mich nicht auf Tage hinaus aus der Stimmung bringt?

. . . was kann ich tun? Rekommandieren?

Das soll's eigentlich nicht geben, denn was nur irgend brauchbar ist, wird heute so gedruckt. Viel Unbrauchbares dazu.

Ich habe schon erlebt, daß mich einer beim Staatsanwalt verklagte, weil ich sein Manuskript nicht zurückschickte, trotzdem er Briefmarken beigelegt hatte.

Und dabei hat man das quälende Gefühl, Du solltest eigentlich usw. Aber täte man nur alles, was man seiner eigenen Arbeit schuldig ist!

Es gibt bloß: Watte in die Ohren und allein sein. Sonst geht's nicht.«

Und an Maidi schreibt er: ». . . jeder Schreinergeselle ist mir interessanter und wichtiger wie Heinrich Mann oder andere Kollegen . . .«

Doch diese Selbstzufriedenheit ist gespielt. Schon lange ist er nicht mehr mit sich zufrieden. Manche Arbeit vernichtet er eigenhändig, ehe es die Kritik tun kann. Manches – so den Schwank *Der alte Feinschmecker* – wagt er nur unter Pseudonym an die Öffentlichkeit zu geben.

Es wird kritisch für ihn, denn immer seltener gelingt es ihm, seine Fehler als »Dummheiten« beiseite zu schieben.

Immer öfter fühlt er sich zu Selbstvorwürfen bemüßigt.

Als er sich fast ausschließlich über andere ärgerte, war er jung. Jetzt ärgert er sich immer gründlicher auch über Ludwig Thoma. Wieder eine neue Erfahrung.

»... ich will versuchen, auch dieses (Zeit-)Chaos noch mit Humor zu behandeln«, verspricht er Geheeb. Doch dieser Humor existiert nur noch als Flämmchen. Überall sieht er Anarchie und meint, die Schuld daran den Demokraten zuschieben zu müssen.

Dennoch leitet er eine Versöhnung mit dem entschiedenen Demokraten Konrad Haußmann ein und gibt zu, daß dieser in vielem recht behalten hat. »Ich habe oft an Dich gedacht, oft unser Schweigen peinlich empfunden, und in die politische Meinungsverschiedenheit mischte sich nichts Persönliches. Heute habe ich, wie oft schon, das Bedürfnis, zu Dir zu kommen.

Weise mich nicht ab!

Ich glaube, über das Heute denken wir gleich.«

Das ist zwar nicht der Fall, doch renkt sich die Freundschaft im Persönlichen wieder ein, und Thoma hat wieder einen Vertrauten, dem er seine Privatangelegenheiten, besonders auch sein Verhältnis zu Maidi, schildern kann.

In der Beurteilung politischer Fragen gehen sie weiterhin scharf auseinander. Haußmann ist nach Berlin berufen worden und wird dort Vizepräsident der Nationalversammlung und Vorsitzender der Verfassungskommission.

Wieder ist Berlin der Punkt, dem Thomas größtes privates und politisches Interesse gilt. Dort leben seine wichtigsten Briefpartner Maidi von Liebermann und Conrad Haußmann. Sie sind es, die an dem Gedankenleben des einsamen Mannes am stärksten teilnehmen dürfen. Sie sind es auch, die am meisten miterleben, wie sehr er immer mehr ins Monologisieren verfällt.

»Eine heiße Scham über die erbarmungslose Niederlage hält jeden nieder, und in ganz Bayern ist, nach den Zeitungen zu urteilen, ein wühlender Zorn gegen Berlin. Hält's nur noch zehn Tage, habe ich Dich erst heraußen, dann helfe ich mit, den gewissenlosen Hunden, die Deutschland zerfleischen wollen, die Zähne einzuschlagen.

Unsere Leute sind geladen, alt und jung. Kommt es in Berlin zu einem Putsch und siegt Liebknecht, dann ist die Trennung von Preußen fertig.«

Diese martialischen Worte sind an Maidi gerichtet, die manches daran auszusetzen hat, obwohl ihr Stand von den Sozialisten nichts Gutes zu erwarten hat. Immerhin erinnert sie Thoma, von Zeit zu Zeit, an seinen früheren arbeiterfreundlichen Standpunkt, um ihn wieder zu einer weniger grimmigen, mehr liberalen Haltung zu animieren.

Vergebens erinnert sie ihn an seine zwanzig *Simplicissimus*-Jahre – jetzt hält er es sogar mit denen, durch die die preußische Kriegsbegeisterung geschürt wurde: »Mich dauern«, schreibt er nach Berlin, »die Offiziere, die jetzt herumhocken wie stellenlose Kellner. Täglich laufen bei uns – in Verlag und Redaktion – Briefe von Offizieren ein, die um irgend eine Stellung ersuchen – vom Leutnant bis zum Major. Darunter einer mit dem *Pour le mérite*.«

Im Revolutionsjahr 1918 erscheint *Altaich. Eine heitere Sommergeschichte* – von Thoma selbst als Erinnerungsbuch vorgestellt. Es beschwört gute alte Zeiten und das Sommerleben im Chiemgau, wo Mutter Thoma ihr Gasthaus betrieben hatte.

Es ist eine Beschwörung, mit scharf humoristischen Lichtern. Die Einheimischen, die durch einen unternehmungslustigen Gemischtwarenhändler überredet werden, aus ihrer Gegend eine Fremdenverkehrsgegend zu machen, sind altbayrisch idealisiert und zugleich in hellstem Realismus gezeichnet; die Sommergäste erweisen sich dagegen alle als vertraute *Simpl*-Karikaturen: der preußische Privatier, der hannöversche Professor, der österreichische Oberleutnant a. D. und andere.

So ähnlich hatte es auch schon in dem Peter-Schlemihl-Gedicht *Sommer-Idylle* geklungen:

»Berge und Täler sind jetzt voll von Menschen,
welche sich Urlaub genommen haben
und an der reinen Luft der Kurorte
sowohl sich als ihre Angehörigen laben.
Viele hört man mit Neugierde fragen,
ob hier noch echte Wilderer wachsen,
welche die wirklichen Gemsen töten.
Meistens sind diese Leute aus Sachsen.
Manche baden in dem klaren Gewässer,
wobei erwachsene Töchter nicht geizen
mit ihren Formen, von denen man füglich
glaubt, daß sie den Junggesellen anreizen.
Ihre Mütter stricken indes im Garten,
wo sie Kaffee mit Honig genießen
und sich über die Dienstboten äußern,
welche sie in der Stadt darin ließen.
Abgesondert sitzen die Ehemänner,
welche sich gründlich dadurch erfrischen,
daß sie nichts von den Frauen hören,
sondern beim Skat ihre Karten mischen.

Patriot Thoma als Redner in Schliersee

Auf den Ruhebänken am Seeufer
sitzen zwei Richter, welche verdauen
und anderen Leuten durch Fachsimpeln
ihren Sommeraufenthalt versauen.«

Das könnte Seebruck, aber auch sonstwo sein. Bei Altaich jedoch dachte Thoma nicht an ein Feriendorf, sondern an einen Marktflecken, nach eigenem Bekenntnis auch an Altomünster, »die Heimat meiner Freundschaft mit Ignatius Taschner, meines stärksten Erlebnisses«.

»Ich glaube«, schreibt er einem Verehrer, »Sie werden darin ein ganz behagliches Stück kleinstädtisches Altbayern finden. Keine aufregenden Geschehnisse, keine Tendenz, nichts Ewigkeitswertliches, Profundes, Tiefenausfüllendes, Höhenerklimmendes, aber lauter wirkliche Menschen, vom Postillon bis zum Kunsthistoriker.«

»Harmlos und behaglich« wollte er sein, »etwas ganz Neutrales und trotzdem Humoristisches« schaffen, »behagliche Malerei«. Das ist ihm zweifellos gelungen. Das Rezept hat er während der Arbeit seinem Spezi Ludwig Ganghofer verraten: »Ich stecke den Kopf in meine Arbeit . . . Ich verliere mich in die alte Zeit und vergesse die Gegenwart.«

Er hat das Buch zeitlos gemacht, indem er es gleich eigenhändig »nachdunkeln« ließ.

Dennoch ist für einen aufmerksamen Leser einige Gegenwart darin zu entdecken, allerhand von jenen Dingen, die Thoma nicht »nachdunkeln« lassen konnte – zum Beispiel ein Mädchen, das in der Stadt schlecht wurde, das Französisch gelernt und Musikstunden genommen hat und damit unangenehm von den braven Bauernmädchen absticht, die er so gern schildert.

Dieses Mädchen ähnelt doch sehr einer gewissen Tänzerin Marietta und sagt auch einiges über die Einstellung, die Thoma zu Maidis Plan hat, Sängerin zu werden . . .

Wie weit ist er doch in dieser Zeit von seiner Devise entfernt: »Ein Zigeuner imponiert mir, aber ein Senatspräsident nicht . . .«!

Wie weit ist er von dem entfernt, was ihn groß machte! Wie sehr verachtet er schon alles Künstlerische und alle, die im Künstlerischen ihre Bestimmung *suchen*!

Er, der sich einbildet, immer nur zu finden, also nicht mehr suchen zu müssen, ignoriert die Großen, die zeitlebens suchen, weil sie in ihrer Kunst kein bloßes Handwerk, sondern eine Lebensform sehen. Und er verhöhnt die kleineren Geister, die mehr für ihren Dienst an der Kunst bluten müssen als er, der sich damit brüstet, pro Tag tausend Mark verdienen und allerhand Geschichten und »Schnickschnack« in einer einzigen Woche hinschreiben zu können.

Es steht bös um ihn: der Unruhe, die ihn zu dem machte, was er ist, flieht er und glaubt, in seinen Besitztümern und mit einer zweiten Frau Ruhe zu finden. Doch so wenig ihm die umworbenen Tegernseer Bauern dieses ersehnte Heimatgefühl geben, so wenig kann ihm auch sein Besitz helfen – ungeachtet der Tatsache, daß selten ein Monat vergeht, in dem er Maidi nicht ausführlich, genüßlich seine Einkünfte vorrechnet.

Und auch mit der Aussicht, mit Maidi Ruhe zu finden, steht es nicht gut.

16

Thoma ist eifersüchtig. Besonders auf die »Kulissenritter«, denen Maidi jetzt während ihrer Stuttgarter Gesangsausbildung täglich begegnet. Sie weiß genau, wie er darüber denkt, und befürchtet nicht ohne Grund, daß es mit der freien Kunst aus sein wird, wenn sie in die Ehe einwilligt.

Mag er auch schreiben: »Richte den Pantoffel her, unter den Du mich vom ersten Tage kriegen wirst . . .« – sie hält es weiterhin für nötig, das Schicksal ihrer Vorgängerin zu studieren und dann ihre Schlüsse zu ziehen.

Manchmal scheint ihr, daß er selbst noch gar nicht so entschieden ist. Zum Beispiel wenn er schreibt: »Sohn, Enkel und Urenkel schwerer Altbayern, Pfeifen rauchender Forstleute, aufgewachsen im Holz, behütet von Tanten, erzogen in Frömmigkeit und im kleinen Behagen – wie komme ich dazu, so auszuschlagen, als Fünfziger um ein Mädel zu raufen?«

Als reifer Mann glaubt er, bislang unbekannte Gefühle in sich entdeckt zu haben: »Etwas in mir ist viel stärker als ich. Ich habe es kommen sehen, daß die Leidenschaft über mir zusammenschlägt; jetzt ist es längst so weit und nun, ich bitte Dich, predige mir nicht Vernunft! Ich habe keine mehr; ich muß atmen können, aber es gibt nur die Luft, in der Du lebst. Ja, wärst Du hier! . . .«

Und einen Tag vorher hat es geheißen: »Du müßtest hier herumgehen, Grüß Gott sagen im Stall, im Hühnerhof, im Garten.«

Maidi findet, er hocke zu viel in seinem Haus herum. Da er reisemüde ist, animiert sie ihn, doch gelegentlich ein bißchen mehr in seinen Revieren herumzulaufen.

Argwöhnisch fragt er: »Verschreibst Du mir die Jagd, damit meine Gesundheit sich stärke!? Die ist noch gut . . .«

Er hat keine Lust mehr, bei Weikertshofen durch Wald und Moor zu stiefeln. »Weikertshofen! Was tue ich dort?

Erinnerungen nachhängen, die sich wie glühendes Eisen einbohren. Ich kann ja kein Datum auf einem Rehgewichtl lesen, ohne in quälenden Selbstvorwürfen mich zu zerfleischen! 1904, 1905 – Narr! Narr!«

Doch auch in der Zwiesprache mit der Gegenwart, mit Maidi von Liebermann, gibt es manchen Verdruß. Sie wirft ihm Grobheit vor, und Thoma setzt sich erbittert zur Wehr: wenn er gelegentlich verdrießlich sei, so liege das nur an Marion. Härte jedoch könne sie ihm nicht vorwerfen, nur ungewollte Derbheit.

»Derbheit«, schreibt er, »ist das Gegenteil von Härte. Mit Derbheit schützt man sich nur gegen Schwäche, die in einem sitzt und die sich verdrängen will.

Hart sein ist anders. Harte Leute sind nicht ungestüm, die können immer beim guten Ton bleiben.«

Schlimmer noch treffen ihn Randbemerkungen, die ihn argwöhnen lassen, seine Maidi halte ihn für das, was er zeitlebens bekämpft hat. Und so verwahrt er sich in demselben Brief, der einer einzigen großen Rechtfertigung gleichkommt, energisch und apodiktisch: »Ich bin kein Spießbürger . . .«

Und auch dem Vorwurf, daß er in seinem Äußeren »verbauere« – ein Vorwurf, den er sich normalerweise gern gefallen läßt –, glaubt er entgegentreten zu müssen: »Übrigens melde ich gehorsamst: So was von frisch gebadet, geduscht, gestriegelt und von Reinlichkeit strahlend wie der ›Prolet von der Tuften‹, der ›Bauer‹ und ›Unkultivierte‹ gibt's gar nicht mehr. Dagegen sind alle Frankforter Buwwe Drecksäu.«

So weit, so gut. Aber wie will er es schaffen, den inneren Brummbären abzustellen? Auch diesbezüglich glaubt er Beschwichtigendes, Beruhigendes vorbringen zu können: wenn sie ihn nimmt, wie er ist, wird es keine Schwierigkeiten geben.

»Von meiner Laune hast Du nichts zu fürchten. Ich kann, wenn eine Arbeit stockt, nachdenklich sein, das darf Dich nicht verletzen. Bücherschreiben ist keine Kontorarbeit, die Schlag sieben Uhr aufhört. Das geht mit einem zu Bett und steht mit einem auf. Und für Dich gibt's da ein gutes Mittel: lieb sein, ein bißchen plappern, einen weichen, runden Arm um das Haupt des Schriftstellers legen.«

Maidi muß sich das noch ein bißchen überlegen. Wird sie zum Plappern, wird sie als Kindchen taugen?

Im Oktober 1919 stirbt Helene Taschner. Thoma nach dem Begräbnis: »Man muß an die Arbeit und an die Liebe denken, um sich nicht als alt und als Überbleibsel vorzukommen.«

Sich nicht als Überbleibsel vorzukommen, das wird ihm weiterhin schwergemacht. Ein dreiviertel Jahr später verliert er seinen Freund Ganghofer. Thrombose. Eine »brutale, dumme Zufälligkeit«, wie Thoma meint. Ganghofer wird in einem schwarzdrapierten Kahn feierlich über den Tegernsee gerudert und in Egern begraben. Sein Freund kauft den Grabplatz neben ihm.

Am 28. Juli 1920 schreibt Thoma an Maidi: »Nun ist auch das vorbei. Mein teurer Ludwig schläft im Friedhof weiter; vor acht Tagen hat er, am schönen Abend das Bild der Egerer Kirche vor sich, wohl nicht daran gedacht, daß in langen Jahren dort sein Platz sein werde.

Das Begräbnis war würdig und eindrucksvoll. Ein Münchner Opernchor von sechzehn Mann sang ergreifend schön, sonst war's ländlich, wie es Brauch und Sitte ist . . .

Auch der Pfarrer sprach mit einer Wärme, die ich noch nie an einem Geistlichen sah, ein paar Deputationen, ein gutes Bauernmädel, das ihm Edelweiß und Alpenrosen ins Grab legte, sagte einen sehr schlichten Vers von jemand, den du kennst und angeblich liebst.

Musik und die drei Schuß für den Inhaber des Eisernen Kreuzes, die du auch einmal krachen hörst, den Präsentiermarsch und dann viele schlichte brave Menschen, die ihm drei Schaufeln Erde und Weihwasser gaben.«

Für Maidis Geschmack spricht Thoma ein bißchen zu viel vom Sterben, und dies nicht erst nach dem Verlust seines Freundes. Schon wenige Monate nach ihrer glücklichen Wiederbegegnung mußte sie so Befremdliches lesen, wie: ». . . wenn ich im Egerer Kirchhof liege und wenn dann auch andere finden, daß mein Leben tüchtig war und ich ein anständiger Försterbub geblieben bin und die Gaben verwertet habe, die mir brave Eltern und der grüne Wald fürs Leben geschenkt haben, dann bist Du ein bißchen stolz . . .« Ist das die Sprache eines zukunftshungrigen Verliebten?

Seine Beteuerungen gehen kunterbunt durcheinander und erweisen sich auf rührende Weise eines Schriftstellers für unwürdig: mal nennt er sie »Königin« und steht mit ihr »an den Pforten des Paradieses«, im nächsten Moment legt er ihr symbolisch 60000–80000 Mark für ein Bauernstück zu Füßen.

Überhaupt wächst seine Sorge, Maidi möge in ihm nicht die gute Partie sehen, die er ist. So erzählt er ihr brieflich eines Abends die Geschichte vom reichen Dr. Hirth, zu dem der arme Thoma als Bittsteller kommt. Der arme Thoma wird schlecht behandelt, doch viele Jahre später ist der reiche Hirth glücklich, dem ehemals armen Thoma das größte Honorar, das bislang in München für einen Fortsetzungsroman gezahlt wurde, überreichen zu dürfen.

»Wie meine Mutter 1893 Seebruck kaufte, brauchte sie einige tausend Mark. Da fiel ihr ein, der Dr. Hirth in München hatte ihr vor Jahren gesagt, wenn sie einmal was bedürfe, solle sie vertrauensvoll zu ihm kommen. Mit einer rührenden Gläubigkeit hing sie an diesem Wort und schickte mich nach München. Ich sollte mit Herrn Doktor reden und ihm sagen, jetzt sei die Zeit gekommen, wo sie was bedürfe. Es sei eine Gefälligkeit, für die sie mit einer Hypothek Sicherheit stelle.

Ich ging nach München in die Redaktion der ›Neuesten Nachrichten‹; nach einigem Warten wurde ich vor den berühmten Herrn geführt, war natürlich sehr befangen, nahm mich aber zusammen und sagte mein Sprüchlein herunter.

Hirth hörte mich nicht ganz an, fuhr mir fast beleidigt dazwischen. ›Lieber, junger Freund, wo käme ich hin‹ usw.

Ich wurde blutrot, ich stand doch für meine Mutter dort, war doch kein Bettler oder Schuldenmacher!

Hirth merkte meine Verwirrung und Scham und lenkte gütig ein, ob er für mich irgend etwas tun könne. So eine landläufige Redensart. Ich sagte trotzig, daß ich für mich keine Bittgänge mache, ich wäre heraufgekommen im Glauben, das meiner Mutter und ihrem Vertrauen schuldig zu sein und damit fertig und adieu.

Der Abgang war großartig, aber die Stimmung sehr klein, sehr jämmerlich. Ich habe mich nicht gerächt, habe es Hirth nie erzählt. Er selbst, dem das wohl oft passierte, wußte nichts mehr davon, erkannte mich auch später nicht mehr. Als er zuerst mir das Du antrug und mir weiß Gott wie oft sagte, meine Freundschaft sei ihm ein wertvolles Gut geworden, dachte ich oft an jene Szene.«

Erst dann, im Geleitschutz dieser Geschichte, bringt Thoma eine neue Maidi-Werbung an. Und die Werbungen werden immer fordernder. Mittlerweile glaubt er, auf

Rechte pochen zu dürfen: »Du Geliebte, meine teure, liebe, liebste Frau! Bist's ja doch! Und bist's heute vor einem Jahr vor Gottes und Rechts wegen geworden, wie Du zu mir an die Ofenbank kamst und ich Deine.Hand so derb anfaßte. Ich hatte sie, ich halte sie.«

Maidi von Liebermann, die er mitunter zärtlich seine »Madame Wurstel« nennt, ist seine Gegenwart geworden.

Alles andere muß daneben verzerrt und schattenhaft wirken, beziehungslos, da er offenbar nichts mehr sucht. So nimmt er es hin, daß Maidi ihm, mit ihrem »lieben, lachenden, dicken, guten Gesicht« auch Dinge sagt, die er sich früher nicht hätte gefallen lassen. Sie fragt ihn, wann er Geburtstag hat, obwohl sie das in jedem Lexikon nachlesen könnte, in manchem Buch, das er ihr widmet. Er duldet auch diese Kränkung . . .

Mehr und mehr aber schleichen sich Zweifel ein. Liebt sie in ihm nicht doch nur den berühmten Mann? Und war die Frage nach dem Geburtstag nur ein Manöver? Ein Manöver, um ihn glauben zu lassen, sie sei nur an seiner Person, nicht an seinem Ruhm interessiert?

»›Mit der Lieb hab i a Mordsglück‹, sagt der alte Nestroy. ›Bloß mit der Gegenlieb hapert's.‹ . . . ist's in Ordnung mit der Gegenlieb? Magst Du den ›brutalen‹, den Bauern leiden?«

». . . aber Du kennst ja nicht viel von mir!« Das wird der Kehrreim dieses problematischen, zärtlichen, gehetzten Briefwechsels:

»Ach, das ist ja mein Kummer, daß Du mich so wenig kennst und ganz gewiß, Du gutes, liebes Mädel, in vielen, vielen Dingen falsch beurteilst.«

»Aber oft denke ich, ob Du mich eigentlich kennst.«

»Ich möchte, daß Du mich so kennst, wie ich Dich kenne. Aber das sage ich Dir nicht ...«

Der letzte Satz soll wohl heißen: Ich kenne Dich, aber ich werde Dir nicht verraten, was ich von Dir weiß. Einigermaßen merkwürdig für jemanden, der um Vertrauen wirbt.

Ein bißchen von dem, was er über sein Verhältnis zu Maidi denkt oder träumt, erzählt er jedoch in seiner Geschichte vom *Jagerloisl.* »Eine Berlinerin, sehr nettes Mädel, kokettiert mit einem bildsauberen Jager, der die Sache für ernst nimmt.«

Eine sehr knapp und schön erzählte Geschichte, die keineswegs dadurch verliert, daß Thoma sich in seinem Helden sieht. Er idealisiert nicht, schildert das Tappige, das ihm durchaus vertraut ist, die stumme, ungeschickte Werbung.

Später einmal wird er die merkwürdige Mischung von Ungeschick und Patzigkeit, die ihn so weltfremd erscheinen läßt, etwas selbstgefällig kommentieren; er umschreibt seine Kontaktschwierigkeiten mit falscher Bescheidenheit: »...immer diese verfluchte Bescheidenheit. An der ist mein Lebensglück zerschellt. Ganz gewiß an nichts anderem. Allerdings waren auch Trotz und Leichtsinn dabei. Aber das Wesentliche war, ich schmollte mit der Welt, mit der Gesellschaft, der ich mich nicht frischweg zu nähern wagte ... Und so viele Menschen, denen ich Superiorität einräumte, wie klein kommen sie mir vor! Und wie dumm ich mir selber!«

Seine »dumme Bescheidenheit« geht freilich nicht so weit, daß er sich nicht gelegentlich sehr heftig bei Maidi beschwert, wenn er sich ungerecht behandelt fühlt.

Ungerecht behandelt fühlt er sich zum Beispiel, als Maidi es vorzieht, mit Mutter und Sohn nach Heidelberg zu fahren, anstatt die Pfingstfeiertage am Tegernsee zu verbringen.

»An Ostern sagtest Du so bestimmt, Du wolltest Pfingsten hier sein. Nun ist wieder Heidelberg die Losung – und doch fährst Du danach nach Frankfurt und hast Bubi und Mama. Bloß der äußerliche Grund, an Pfingsten mit ihnen zu sein, ist viel stärker wie Dein Wunsch, *endlich* einmal an einem Feste mit mir zu sein . . .«

Die Idee, mitzufahren, weist er weit von sich. »Glaubst Du, ich bleibe aus Laune und zu meinem Vergnügen hier? Ich habe hier auch keine Freude, gar keine; nicht die allermindeste . . . Ich bin in München geflohen, weil ich lachende und schwätzende Menschen nicht ertrage. Ich könnte Sehnsucht haben, mit einem Manne, der so denkt wie ich, zu reden. Und wenn mir das fehlt, suche ich Trost oder Betäubung in einem Buche. Warum Du mich so wenig darin verstehst, weiß ich nicht . . .

Lacht ihr und redet von morgen, ich kann nicht mittun, ich kann nicht.«

Doch dann ist er wieder sehr brav und erfüllt seiner »rundigen, dantschigen Mädi« den Wunsch, Marion ganz aus seinen druckfertigen Erinnerungen zu streichen, auch läßt er sich sagen, daß er zu sehr nach Tabak riecht.

Den Vorwurf, in seinen Werken kämen zuwenig Liebesszenen vor, läßt er sich noch gefallen und beantwortet diese Vorwürfe nur gelegentlich mit Hinweisen auf Kapitel, in denen »Bimbiribim« vorkommt.

Den Vorwurf, er sei ein trockener Liebhaber, nimmt er hingegen schon ernster. Thoma erwidert: »Nein, Mädle gutes, ich bin kein trockener Liebhaber, aber Du mußt Dich schon daran gewöhnen, mich ein bissel verträumt zu lassen. Wir können nicht bloß mit der Feder in der Hand arbeiten und Bürostunden einhalten. Wenn's was werden soll, sind vorher viele stille Stunden notwendig . . .«

Maidi von Liebermann aber weiß mittlerweile sehr wohl, was sie zögern läßt, seinen Liebesschwüren zu trauen: es ist seine Unfähigkeit, Vertrauen zu schenken.

»Ich muß ja erst aus mir herausgehen, schreibt er einmal im Januar 1919, muß das Glück, Vertrauen zu schenken, erst wieder finden. Seit dem Tode meiner Mutter habe ich es nicht mehr gehabt.«

Damit sagt er, warum seine Ehe mit Marion nicht gutgehen konnte.

Eine ungewollte Warnung.

17

»Du mußt überall, wo Du gutes, altes Papier findest – Friedensware – für mich schnorren. Ich schreibe es voll – für Dich.« Eine von Thomas seltenen Bitten, von Maidi nach Möglichkeit bereitwilligst erfüllt.

Wenn sie an den Tegernsee kommt (sie logiert dann immer bei der vereinsamten Frau Ganghofer), hat sie meistens eine größere Lieferung Friedenspapier im Gepäck. Und dieses Papier liegt nicht lange herum, denn Thoma ist von fanatischer Arbeitswut ergriffen. Seiner Freundin gesteht er, daß er am liebsten nur noch zu Hause hocken und zwölf Stunden am Tag arbeiten würde.

»Ich wollte, mir wären Anno 1905 Ideen so zur Verfügung gestanden! Damals plagte ich mich für kleinliches Zeug ab, das ich heute zwischen Frühstück und Abendschoppen mühelos hinschmiere.«

Am liebsten wäre es ihm, Maidi von Liebermann teilte diese Leidenschaft. Einmal versucht er, sie zu einem Buch zu überreden: Sie soll eine Geschichte Berlins von 1890 bis 1918 schreiben, und zwar eine Skandalgeschichte. Das fällt Thoma nun mal ein, wenn er an Berlin denkt.

Maidi jedoch läßt sich kein Spielzeug in die Hand drükken, das sie ablenkt; sie möchte Thoma studieren. Sie möchte sein Eckermann sein und stellt Fragen, was dem Autor sehr lästig ist.

»Du darfst im Tag fünfzehn Fragen stellen. Hauptsächlich mußt Du lachen und fröhlich sein«, fordert er darum, als sie für Ende 1920 einen weiteren Besuch ankündigt. Natürlich hält sie sich nicht daran. Und im Gegensatz zum fügsamen Eckermann beläßt sie es nicht bei ehrerbietigen Fragen, sondern läßt manches Gespräch zum Verhör werden. Zum Beispiel, wenn sie ihn nach seiner politischen Wandlung befragt.

Thoma verweist dann meistens auf die Erklärung, die er im Januar des Jahres 1919 in der *Frankfurter Zeitung* veröffentlichte.

Darin dementierte er, daß er zur *Zentrumspartei* umgeschwenkt sei. Er denke über diese Partei noch genauso wie damals, als er den *Vöst* schrieb. Er sei auch kein *Alldeutscher*. ». . . nie habe ich über die teils kindische, teils gewissenlose Art, Machtgelüste in die Welt hinauszuposaunen, anders geurteilt, als in der Zeit, wo ich sie im Simplicissimus bekämpfte.«

Und über seine zweifelhafte Agitatorentätigkeit in Tirpitzens *Vaterlandspartei* hatte er der *Frankfurter Zeitung* geschrieben: »In der Vaterlandspartei habe ich mich einmal gegen die Politik, draußen zu kämpfen, herin Kriegsmüdigkeit zu verkünden, gewandt.

Ich stehe nicht an, zu bekennen, daß ich wenig oder nichts wußte von dem, was sich hinter den Kulissen abspielte . . .

Bis zum Juli 1917 hatte ich mich strenge dazu angehalten, schweigend an die Autorität derer zu glauben, die am Ruder standen und verantwortlich waren. Hinterher bröckelte es ab vom Glauben, doch der Optimismus blieb.

Da heute die Pessimisten die Gescheiteren sind, war ich der Dümmere.«

Realisten als Pessimisten abzutun – das läßt ihm Maidi natürlich nicht durchgehen. Verzweifelt nennt er sie manchmal eine gar zu »stramme Demokratin«. Gegenseitig wirft man sich Weltfremdheit vor. Und wenn Thoma sich lange genug sein träumerisches Verweilen im Gestern hat vorhalten lassen müssen, dann kann es passieren, daß er wieder einmal seine Welttüchtigkeit durch Zitate aus seinen Kontoauszügen beweisen möchte:

»Gestern war Dr. Cossmann, der neue Direktor der Münchner Neuesten Nachrichten, bei mir, nahm meinen Jagerloisl ungelesen zum Vorabdruck für 10 000 Mark mit dem Versprechen, andere große Blätter, die in seinem Konzern sind, z. B. Kölner Zeitung, für den Vorabdruck zu gewinnen, auch für 10 000 Mark.

Es können 20–30 000 Mark herausschauen, außerdem das Buch zu Weihnachten etwa 15–20 000 Mark. Für sechs Wochen Arbeit ist's gut gezahlt. Ich schreibe zur Zeit an einer neuen Sache. Humoreske, die heißt: Papas Fehltritt.«

Immer häufiger begegnet er Maidis Fragen aber auch mit Exkursen über Goethe und Shakespeare, wobei er dem letzteren gelegentlich eine gewisse Entmythologisierung antut und ihm nachrechnet, wie und wo er seine Stoffe einkaufte: »Das Werkstattgeheimnis dieses Großen ist auch zu ergründen. Es liegt nicht zuletzt in einer gewissen Erleichterung der Arbeit. Shakespeare hat sich nie damit geplagt, eine ›Handlung‹ zu erfinden, was nämlich die größte Schinderei ist. Er hat alle Stoffe übernommen, aus älteren Stücken, aus englischen und italienischen Novellen.

Kein einziges seiner Dramen ist von ihm ›erfunden‹. Sein ganzes wundervolles Genie richtete er auf das Komponieren und Charakterisieren. Da strömte er freilich über von Fülle und Können.

Unsere Kritiker verlangten immer, daß ein Stoff ›neu‹ sei. Besonders die Berliner waren darin groß. ›Es is nich neu‹ war schon eine Verurteilung. Goethe, Keller, Storm, vielleicht alle, die was waren, haben immer betont, daß dies ganz nebensächlich, ja unmöglich sei; denn alle behandelnswerten Konflikte, Vorwürfe etc. waren da und sind gar nicht zahlreich. Alles Natürliche ist von jeder Generation durchlebt worden. Die Sucht nach der Neuheit führt zur Unnatur, zum willkürlich Erfundenen. Hauptmann ist meines Glaubens daran gescheitert. Am ›Erfinden‹.«

Aber Maidi möchte nichts Belehrendes über Shakespeare wissen, sondern Thoma ausforschen. Und so antwortet er gequält auf ihre oft wiederholte Frage, ob sich sein Marion-Erlebnis literarisch niedergeschlagen und ob er den Plan habe, auch sie, Maidi, in einem seiner Werke darzustellen.

Er schreibt ihr: »Ich arbeite nie nach Modell; das ist immer verfehlt. Man kriegt keinen Typ. Schriftstellerische Figuren müssen wie malerische Typen sein, Zusammensetzungen aus vielen Individualitäten, sie müssen eine ganze Rasse, einen Stand verkörpern. Nur dann sind sie treffend, können interessieren.

Abkonterfeien und abklatschen ist ein Notbehelf von Halbkönnern. Ich hab Dich von Herzen lieb, mein Mädel. Ich könnte aber aus Dir nie eine Romanfigur machen. Ging ich es an, so müßte ich es ganz ummodeln, um es zwingend wahr darzustellen. Denn nicht, daß es *einer* so gegangen ist, interessiert, sondern daß es *so einer* so gehen muß, ist künstlerisch zu beweisen ...

Fast alle Leute leben in dem Irrtume, daß bestimmte Ereignisse und bestimmte Personen uns anregen können und müssen. Ganz falsch.

Sie können eine Stimmung hervorrufen, die in uns widerklingt und plötzlich eine längst erkannte, verarbeitete, durchlebte Mehrheit von Stimmungen aufwecken. Irgend ein fremder Mensch im Coupé, eine alte Frau am Bahnhofperron, der Ton einer Drehorgel, eine Regenstimmung geben uns plötzlich Bilder, Ideen, und das verbindet sich mit starken Eindrücken, von denen wir schon nichts mehr wußten, die irgendwo in uns geschlafen haben.«

Maidi mag das als ausweichende Antwort gewertet haben. Welche »schlafenden Eindrücke« hat sie in Thoma geweckt? Und wie war das mit dieser exotischen Cora in seinen Lausbubengeschichten? Hat die Begegnung mit Marion die Erinnerung an Cora geweckt? Oder hat der starke Eindruck, den Cora auf ihn machte, seine Neigung zu Marion bestimmt?

Hatte er nicht des öfteren erklärt, er müsse nur den stärksten Eindrücken seiner Jugend folgen, um das rechte Leben zu leben? War seine Verbindung mit Marion also weniger die Wahl eines freien, dem Extravaganten zugeneigten Mannes, als vielmehr die Folge eines Jugenderlebnisses? Eine Folge des Glaubens, man müsse sich nur zurückwenden, und in der Vergangenheit das komplette Schaltprogramm für seinen Lebensweg suchen?

Thoma mag nicht darüber sprechen. Er will sich nicht erklären. Er will »malen«. Friedenspapier vollmalen.

Doch ungeachtet der gewaltigen Produktivität, die er in diesen Jahren entfaltet – es gelingt ihm nichts mehr so wie in den Jahren, in denen er weniger schrieb.

Unter den abgebrochenen Arbeiten befindet sich zum Beispiel das wunderschöne Roman-Fragment *Münchnerinnen*, die Geschichte einer jungen hübschen Bürgersfrau, die von ihrem spießigen Ehemann vernachlässigt wird und einen Liebhaber findet – oder besser gesagt: vom spießigen Ehemann ungewollt einem Liebhaber in die Arme getrieben wird.

Dieser Stoff hat ihn lange beschäftigt, hat ihm mehr Probleme aufgegeben als die meisten anderen. Denn er begann ohne festen Plan zu schreiben. Sein Briefwechsel mit Maidi von Liebermann gibt ein getreues Bild von den Freuden und Kümmernissen dieser Arbeit:

»Von nun ab darf ich nicht mehr zu sehr im Reiche der Phantasie herumschweifen und einfach drauflosschildern . . .

Das Merkwürdige ist, daß es oft, ja meistens anders kommt, als man zuerst denkt. Ich kann meiner Paula keinen Giftmordversuch aufhängen; es paßt gar nicht zu ihrem Charakter, aber ihre Freundin hätte das Temperament dazu. Bis jetzt ist aber gar nichts nach der Richtung hin geschehen, und ich muß anfangen, solche Dinge geschehen zu lassen, die das motivieren.

... indem ich Dir erzähle, rundet sich der Plan. Bis jetzt habe ich schon circa 250 Maschinenschriftseiten, das sind über 300 Druckseiten in meiner gewöhnlichen Druckart ... Ich werde sehr wahrscheinlich kleineren Druck wählen müssen und doch circa 500 Seiten kriegen. Also mein dickstes Buch bis jetzt.

Doch dann wird ihm die Arbeit bald langweilig. Schon fragt er: »Was werde ich nach den ›Münchnerinnen‹ anfangen?« Und entscheidet sich im voraus für ein Bauernlustspiel, das er sich zur Erholung verschreibt. »Und da sag ich wieder: Wären die alten Zeiten! In Österreich und Deutschland wäre man froh um ein gutes Bauernlustspiel. 60–80000 Mark wären sofort sicher. Es ist ein Jammer. Frieden und Du meine Frau seit 1904. Und ich anno 1904 die frische Arbeitslust und das Können wie jetzt. – Kein Krösus und kein Herrscher hätte ein so schönes Los, wie wir zwei.«

»Auf der Fahrt von München hierher habe ich den Plan zur Fortführung meines Romans gefunden und ich glaube, ich hab es *sehr* gut gefunden.

Paß mal auf, auch das wird gut, und was kommt, wird noch besser. Eine Arbeitskraft ist in mir, wie noch gar nie. In diesem Jahre könnte ich noch ein paar Romane schreiben. Und es wächst und wird nicht leerer, sondern füllt sich mehr, je mehr es hervorsprudelt. Ich armer, törichter Kerl, der so spät erst den Segen der Liebe erfährt ...«

»Mein Roman macht mich ungeduldig. Ich möchte schon wieder an Besseres, Größeres, worin ich mehr zu sagen hätte als in dieser Schilderung von Münchner Zuständen. Manchmal gehorcht mir die Feder nicht vor Ungeduld.«

»Einen Roman wie diesen Münchner, einfach drauflos, mache ich so bald nicht mehr. Erfinden ›müssen‹ ist nicht nett. Erfundenes schildern ist behaglich.

Aber umkehren gibt es eben nicht mehr nach 600 Seiten. Hü, rufe ich meinem Pegasus zu und hau' ihm eins über, daß er ausfeuert.«

»Ich hatte gestern wieder so Lust beim Heimgehen, ein paar Volksstücke zu versuchen, so daß mich mein Roman gar nicht mehr freut . . .«

»Die letzten Tage waren nicht sehr froh und erquicklich. Das sogenannte künstlerische Gewissen hat mich furchtbar geplagt. Ich wußte, daß mein Roman weder mehr gradlinig noch inhaltsvoll war, es waren verschiedene Knaxe darin. Und mich darüber wegtäuschen oder mich mit Halbheit trösten, bringe ich nicht fertig.

Ich grübelte und grübelte, fing's da an, fing's dort an, heut nacht oder heut früh um sechs war der Entschluß fertig.

Noch mal anfangen. Es geht nicht anders. Nur so erhalte ich die gerade Linie. Das sind halt so die Freuden des Schaffens, aber wenn ich einmal nachgebe und etwas herauslasse, was mich nicht voll befriedigt, bin ich nicht mehr, was ich immer war . . .

Das energische Durchbeißen gibt Kraft zu anderen Arbeiten.

Jetzt habe ich mein Herz vor Dir ausgeschüttet und am Ende interessiert es Dich gar nicht so sehr.«

»In der Umarbeitung des Romans schreite ich fort. Mir ist fast nicht mehr recht, daß Du das alte Manuskript hast. Ich kürze und ändere viel. Erst jetzt kann ich die Figuren natürlicher machen, weil ich sie jetzt kenne und erst richtig sehe.

Aber froh bin ich, wenn ich dieses Buch weg habe. Es langweilt mich.«

So bleibt es denn bei 54 Schreibmaschinenseiten, die Thoma resigniert in die Schublade legt.

Auch sein Roman *Kaspar Lorinser*, als heimliche Autobiographie gedacht, kommt über die Anfänge nicht hinaus.

Warum er mit dieser Erzählung vom Bauernjungen, der Schriftsteller wird, kein Glück hat, erklärt er seinem neuen Vertrauten Hofmiller so: »Man kann eine Selbstbiographie nicht ›erfinden‹; das wird unwahr und gequält; man kann nur Selbsterlebtes geben, Selbstgedachtes, und ich sehe den Weg jetzt vor mir, da ich dies verstanden habe. Der maskierte Bauernbub wird abgetan und ein anderer tritt auf den Plan.«

Dieses Bekenntnis ist ein Geständnis. Als »maskierter Bauernbub« hat sich Thoma nicht nur *diese* Komplikation eingehandelt . . .

Manches ist ihm in dieser Zeit schriftstellerisch mißraten. Doch gelingt es ihm, noch eine große Arbeit abzuschließen, einen Roman. Eine Selbstmörderstudie im Bauernmilieu. *Der Ruepp* – so lautet auch der Titel – ist Alkoholiker, zecht und spielt mit Viehhändlern und Tagelöhnern, veruntreut Geld und erhängt sich, als er keinen Ausweg mehr sieht. Dieser Selbstmord wird dem Leser kommentarlos in den Schlußzeilen gemeldet. Doch das ganze Buch ist eine einzige Erklärung dafür. Kürzer hätte die Tat nicht motiviert werden können, da ist keine Zeile zuviel.

Ein gutes Buch ist fertig, und Thoma kann sich nicht freuen. »Früher«, so schreibt er, »vor achtzehn Jahren, hätt' ich einen Luftsprung gemacht und wäre zum Franziskaner-Bräu gegangen und hätte eine Reise per Rad gemacht. – Jetzt ist es kaum ein Ereignis, daß man zu Bekannten davon spricht.«

Sein *Wittiber* klagt nach dem Tod seiner Frau, es mache keine Freude, allein zu arbeiten. Bisher hat Thoma diesen Zustand in seinem Haus nur *beklagt*, jetzt *beschwert* er sich. Er zweifelt:

»Reden wir denn noch von unserer gemeinsamen Zukunft? Ich horche oft ganz ängstlich, ob kein Wort von Dir kommt . . . es ist schon sehr lang keines mehr zwischen uns gesprochen worden.

Du bist heute gerade so wie am ersten Tag, ja eigentlich noch mehr, mein ganzer und einziger Lebensinhalt. Zweieinhalb Jahre – und kein Millimeter nähergerückt ist die Entscheidung. Du kannst heute so wenig wie 1920, 1919 die Feiertage bei mir sein, und ich frage mich so ängstlich, ob Du überhaupt das noch *magst.*«

Immer öfter gibt er zu, daß er alt geworden ist. Immer häufiger hat er das Gefühl, Maidi langweile sich bei ihm, so wie Marion. Am 11. Februar 1921 schreibt er der davonreisenden Maidi nach: »Heute ist der herrlichste Sonnenschein und Du bist weg. Es ist immer das gleiche. Wenn wir anfangen, recht gemütlich zu werden, gehst Du; vorher ist ein bißchen Wirbelwind und auf meiner Seite die Bedächtigkeit, die Dich erschreckt.«

Vieles in diesem Brief könnte auch aus einem Brief an

Marion genommen sein. So etwa, wenn er feststellt: »Ich bin kein Pedant, der Dir Vergnügen mißgönnt – aber mir erlaube ich nicht mehr, über inhaltlose Vergnügungen mein Werk zu versäumen. Alles in allem bin ich, was nicht zu leugnen ist, 54 Jahre alt. Aber soll es Dich denn nicht freuen, daß ich jetzt erst in meinem Schaffen in den rechten Saft komme? Wie ein altbayrischer Zwetschenbaum, der erst reich trägt, wenn er schon Moos angesetzt hat.

Ich kann nicht mehr tun, als Dir ein sorgenloses Leben sichern. Die Fröhlichkeit wirst Du nicht vermissen. Aber die richtige kommt von innen, nicht von außen, die Dir selber, mein Möppche, in drei, vier, fünf Jahren recht schal und problematisch erscheinen wird«.

Mitunter liegt er stundenlang in seinem Bett, hört dem Regen zu und fragt sich in seiner Einsamkeit, trostlos und verlassen, welche Hoffnungen ihn noch am Leben erhalten. Dann wieder macht er für sein Unglück das Finanzamt verantwortlich: »Mir kommt's oft mitten im Arbeiten, daß ich frage: wozu? Vor zwanzig Jahren wäre ich mit meinen Erfolgen ein Herrgott gewesen und hätte im großen Stil leben können. Jetzt ist alles umsonst. Das meiste frißt das Steueramt . . .«

Das schreibt ein Mann, der Maidi von Liebermann ein Vermögen und der minderbegünstigten Marion immerhin eine Summe von einer Million Mark (nach heutigem Geldwert noch wesentlich mehr) vermachen wird!

Maidi hält Kontakt mit Thomas Ärzten und hat allen Grund, besorgt zu sein. Es geht abwärts mit ihm, rascher und rascher.

Schon 1906, in Stadelheim, klagte er über Magenbe-

Kurz vor dem Ende (mit Maidi von Liebermann)

schwerden. Jetzt, im Frühjahr 1921, werden die Schmerzen fast unerträglich. »Kaffeepott und Suddelpeif« – die liebsten häuslichen Genüsse – müssen mehr und mehr eingeschränkt werden. Er sieht schlecht aus. Sein Gesicht ist fahl, seine Stimme matt.

Dennoch umschreibt er seine Beschwerden nur mit »Magendrücken«. »Mein Befinden ist ganz gut, wenn ich keinen Kaffee trinke, aber eine Tasse macht mir Magenkatarrh. Infolgedessen trinke ich die nächsten Wochen keinen mehr und will mich auch mit dem Rauchen zurückhalten.«

Sechs Wochen später meldet er, daß er auf eine Mineralwasser-Diät umgeschaltet habe. Nun freut ihn auch das Schreiben nicht mehr. »Ich will arbeiten und weiß nicht recht, was.«

Im Juli entschließt er sich endlich, sich in München untersuchen zu lassen. Man teilt ihm mit, er müsse sich operieren lassen. Thoma gibt sich in den Wartetagen heiter und gelassen. »Du mußt ja keine Sorgen haben«, schreibt er Maidi, »die Operation ist etwas rein Äußerliches«, und bittet sie, erst zu ihm zu kommen, wenn alles vorbei ist. »Warum sollst Du im heißen München herumsitzen?«

Die Ärzte haben von einer Bruchoperation gesprochen, einer Operation, die »durch Verwachsung des Magens mit dem Zwerchfell unerheblich kompliziert« werde. Operationstermin: 6. August.

Am fünften soll er eingeliefert werden. Am vierten ist er bereits in München und trifft Freunde im *Bratwurstglöckl* an der Frauenkirche. Die Rede kommt auf das bevorstehende Ereignis, und irgend jemand fragt ihn taktloserweise, ob er vorsichtshalber schon sein Testament aufgesetzt habe.

Thoma ist nicht in der Stimmung, diese Bemerkung ins Komische abzudrehen. Deutlich geschockt, versucht er die Operation zu verharmlosen.

Auf dem Heimweg in sein Münchner Hotel müssen ihm die Gedanken an ein Testament aber doch sehr heftig zu schaffen gemacht haben, jedenfalls bringt er noch kurz nach Mitternacht seinen letzten Willen zu Papier und schreibt Maidi einen kurzen Brief.

Der Brief ist schlicht und zuversichtlich. Auch der vom folgenden Tag. Nur der letzte Satz klingt ein bißchen nach Abschiedsbrief:

»Ich sitze jetzt allein im Zimmer, höre Fabrikpfeifen und Tramwayrollen, sonst nichts, und denke bloß an Dich und hoffe und wünsche, Du teures, gutes Mädel, daß Du so ruhig bist wie ich. Alle lieben guten Gedanken sind bei Dir, Du süßes Mädel. Wenn Du den Brief in Händen hast, ist die Sache schon in Ordnung. Leb wohl, leb wohl!«

Tags darauf wird er von Professor Stubenrauch operiert. Er entdeckt, daß Thoma an Magenkrebs leidet und daß diese Krankheit schon so weit fortgeschritten ist, daß er nur noch kurze Zeit zu leben hat. Hinzu kommt eine sehr besorgniserregende Herzschwäche.

Am 14. August hat Thoma sich so weit von den Strapazen der letzten Tage erholt, daß er wieder Briefe schreiben kann. Er ist schwach, bringt kaum einen Bissen hinunter. Doch, so tröstet er sich, ist es schließlich kein Wunder, daß »der mißhandelte Magen an seine Freiheit noch gar nicht glauben kann«. Der Patient meint, man habe ihm ein Magengeschwür entfernt.

Es geht ihm schlecht, doch hat er Kraft genug, die Korrekturbögen seines *Ruepp* zu lesen. Er ist zufrieden.

Auf sein Bitten hin bringt man ihn im Wagen zum Tegernsee. Das ist am 24. August. Professor Boehm und eine Krankenschwester begleiten ihn. Als er einen Schwächeanfall erleidet, gibt ihm der Arzt eine Spritze. Thoma schläft. Erst kurz vor dem Ziel schlägt er die Augen auf und scheint sehr erleichtert darüber, dem Krankenhaus entronnen zu sein. Freunde und Bruder Peter begrüßen ihn. Dann wird er ins Haus getragen. Von der bayrischen Kost, die er sich gewünscht hat, um wieder richtig gesund zu werden, rührt er nichts an. Vielleicht morgen. Jetzt wird es rasch aufwärtsgehen, denn er ist wieder daheim . . .

»Daheim!« schreibt er einem Freund. »Gestern fuhr ich mit dem Auto heraus, und wenn's auch eine Anstrengung war, so ist der Gewinn doch groß. Alles ist hier anders. Ich bin in sorgsamster Pflege, herrlicher Luft, freue mich über jedes Geräusch draußen und herin und höre, fühle, atme Heimat. In der Zeitung war eine törichte Notiz, ich hätte bedenkliche Herzschwäche; die hatte ich von der ersten Stunde an nicht. Immer normal. Nur der Magen muß aufgepäppelt werden.«

Am Tag nach diesem Brief, am 26. August 1921, abends halb zehn, stirbt Thoma.

Zwei Schimmel ziehen den Wagen mit seinem Sarg. Haußmann hält die Grabrede. Der *Simplicissimus* ehrt den großen deutschen Realisten durch den Abdruck seiner schmucklosen Geschichte vom *Sterben*. Die Obrigkeit bleibt fern.

18

»Der Teufel hole Berlin und alles, was dort unser Deutschland vergiftet ...« Diesen Satz hatte Thoma am 11. August 1919 an Josef Hofmiller geschrieben, und dann, zwanzig Tage später, noch einmal. Wortwörtlich, an denselben Adressaten.

Der Satz hieß im ganzen: »Der Teufel hole Berlin und alles, was dort unser Deutschland vergiftet, sein Schicksal durch großspuriges und pflichtvergessenes Wirtschaften besiegelt hat!« Auch dieser zweite Teil stimmte in beiden Briefen Wort für Wort überein, was die Vermutung nahelegt, Thoma habe das Ganze zweimal von einem Merkzettel abgeschrieben. Solche Wiederholungen ließ er sich sonst nicht durchgehen, jedenfalls nicht im Dialog mit demselben Briefpartner. Interessant, daß ihm das gerade bei einem Ausspruch passierte, den man das ›Leitmotiv‹ seines Satirikerlebens nennen könnte. ›Leitmotiv‹ oder ›Refrain‹.

Er hätte das an jedem einzelnen Tag dieses Satirikerlebens schreiben können. Denn: »großspuriges und pflichtvergessenes Wirtschaften« hatte er Berlin vorzuwerfen, sooft er nach Norden blickte, das heißt, sooft er die Morgenzeitung aufschlug.

Daß Berlin »Deutschland vergiftet«, hatte er zuerst dem Wilhelminismus angelastet. Dann, mit gleicher Schärfe und Erbitterung, dem Sozialismus. Dadurch fühlte er sich jedoch keineswegs verpflichtet, früher Gesagtes zurückzunehmen. Noch 1919 sprach er mit Erbitterung von der »unheilvollen Eitelkeit« und dem Dilettantismus Wilhelms II., der Deutschland nur Feinde gemacht habe.

Und wenige Monate vor seinem Tod schrieb er Maidi von Liebermann: »Wäre noch mal 1899, ich würde zehnfach stärker gegen die blödsinnige Politik der Wilhelm, Bülow, Bethmann vorgehen.«

Ebenfalls 1921 liest man bei ihm: »Ich habe jetzt die Dokumente zum Kriegsausbruch mit den offiziellen Noten und den Randglossen des Kaisers. Ich habe den Mann immer viel zu milde beurteilt. Den hätte Feist als Sektreisenden anstellen müssen . . .«

Dilettantismus und Verstiegenheit fand er aber in gleichem Maß auch bei den neuen Herren. Vermutlich hielt er ihre Hilflosigkeit, angesichts der blutigen Streiks und Straßenkämpfe, noch für wesentlich größer.

»Man glaubt Berichte aus einem Narrenhaus zu hören: Schießen, Morden, Burschoa, Bolschewisten, Demokrazie, Reaktionäre, Rindviecher, Affen, Breitmäuler – – –« Mehrfach wollte er zur Waffe greifen und »mit den Berliner Arschlöchern aufräumen«.

Viele hätten ihn gern dazu ermuntert, denn sein Ausruf: »In Berlin ist nichts mehr deutsch«, klang vielen Politikern angenehm in den Ohren. Sie erinnerten sich seiner Auftritte für die *Vaterlandspartei* und hätten den prominenten Schriftsteller gern für ihre Ziele eingespannt, für ein »deutsches Berlin« und für die »Ausrottung des Berliner Judentums in der deutschen Politik«.

Massive Angebote erhielt er besonders von der antisemitischen *Mittelstandspartei*, für die er kandidieren sollte. Doch er winkte ab. Und Maidi las in seinem Brief vom 28. April 1920: »Ich kann nicht. Erstens billige ich das antisemitische Programm nicht, das Unsinn ist. Zweitens möchte ich mei Ruah. Ich bin wirklich kein Antisemit ... Außerdem hoffe ich ja, der jüdischen Rasse mein Liebstes zu verdanken.« Damit war Maidi gemeint.

Was sollte er in einer Partei?

Und welche kam schon in Frage? Welche konnte ihm folgen, einem Mann, der seinen Zorn aus dem Andenken an eine Welt bezog, die es nie gegeben hatte, aus der erträumten Vergangenheit eines Schriftstellers?

Zu dieser Zeit war Thoma bereits eine tragikomische Figur. Der politische Freund Haußmann behandelte ihn mit Nachsicht, und Thoma durfte sich austoben, durfte auf Arbeitszeitverkürzung und Krankengeld schimpfen und alle Arbeitslosen Verbrecher nennen.

Am schwersten traf ihn, daß »seine Bauern« die Absetzung des bayrischen Königs zugelassen hatten. »Auch bei unsern Bauern«, klagt er, »ist keine Spur von ›angestammter Treue‹ zu merken. Ich gestehe offen, daß der Vorgang, im ganzen wie in jeder Einzelheit, mich völlig unvorbereitet traf, und doch glaubte ich, das Volk zu kennen.«

So kehrte sich seine Wut auch gegen die Bauern, die er falsche Hunde nannte. Von einer durchgreifenden Landwirtschaftsreform riet er ab, weil sie seiner Meinung nach »zur Verrohung einer schon immer zur Zügellosigkeit und Rohheit neigenden Bevölkerung führen« müßte, und stellte die Landbewohner noch tief unter das von ihm so gehaßte städtische Proletariat. »Der Industriearbeiter liest, will sich bilden, vorwärtsbringen, diese aber sind Tiere, wenn sie losgelassen werden.«

Freilich sprach dabei auch ein wenig der Gutsherr aus ihm – der Gutsherr, der um seinen Besitz fürchtete. Als der Plan der bayrischen Regierung bekannt wurde, den Bauern Waldanteile zu geben, prophezeite Thoma den »glatten Ruin des Landes«. » . . . eine Räuberei, die Verarmung herbeiführen müßte. So regieren diese Hanswursten!«

Nein, er brauchte keine Partei, er brauchte eine Zeitung, so wie in seinen besten Zeiten.

Der *Simplicissimus* kam dafür nicht in Frage. Der versuchte mühsam, den Anschluß an verlorene liberale Leserkreise wiederherzustellen. Und so zog sich Thoma, der fühlte, daß er hier fehl am Platze war, im Frühjahr 1920 aus der Redaktion zurück.

Seitdem schrieb er keine einzige *Simpl*-Zeile mehr, griff aber noch einmal in eine Streitigkeit um die Person seines Intimfeindes ein und riet dringend, den linken Th. Th. Heine weiterhin als führenden Kopf bei den Redaktionskonferenzen zu konsultieren. »Die Tatsache ist, daß Heine seit 1906 keine zehnmal gefehlt hat und daß seine Mitberatung ungefähr die wertvollste war.«

Das schrieb er über den Mann, den er gelegentlich »Judenbengel« genannt hatte, über einen Mann, dessen politische Einstellung ihm längst nicht mehr gefallen konnte ...

Abschied vom *Simpl.* Wie oft hatte er sich das gewünscht! Jetzt, nach gut zwanzig Jahren, wurde es ihm schwer. Über 700 Beiträge hatte er für diese Zeitschrift verfaßt. Allein das schon ein Lebenswerk.

Und so fühlte er sich von Stund an eines wichtigen Ventils beraubt. Doch eröffnete sich ihm eine neue Möglichkeit.

Im Jahr seines Ausscheidens aus der *Simpl*-Redaktion nahm er Kontakt zum radikal antidemokratischen Bayernblatt *Miesbacher Anzeiger* auf und lieferte seitdem bis zu seinem Tod über 150 Hetzartikel gegen die junge Republik.

Als Kostprobe einige Schlagzeilen aus Thomas Feder: *Der Saustall, Preußisch-bolschewistische Regiererei, Spitzbubenpolitik, Berliner Preßkanaille, Deppen, Die drohende Entrechtung Bayerns?, Bayer, wach auf!, Der große Betrug, Gesindelpresse, nicht Arbeiterpresse.*

Mit Polemik dieses Kalibers erzielte das Blatt eine gewaltige Auflagensteigerung. Und bald konnte Thoma Maidi von Liebermann melden: »Etliche Artikel im Miesbacher Anzeiger erregen Aufsehen bis nach Berlin hinauf.«

Endlich verspürte er wieder die grimmige Genugtuung, seinen Privatkrieg gegen die Reichshauptstadt führen zu können. Gegen die Reichshauptstadt und vieles mehr.

»Der Teufel hole Berlin!«: Klaus Eck, Redakteur des »Miesbacher Anzeigers«; Thoma, sein Leitartikler; Verbindungsmann Fritz Salzberger

Denn Berlin war nie nur Berlin für ihn, immer auch das »Bedrohliche«, »Lebensfeindliche«, das »Unmenschliche«.

Jetzt durfte er wieder »schiaßn«. Nur tat er es diesmal heimlich. Seine Artikel erschienen anonym. Die Manuskripte schickte er an die Deckadresse des Apothekers Salzberger in Miesbach. Und eine Honorarabrechnung, die ihn verraten konnte, gab es auch nicht, denn Thoma ließ sich seine Arbeit durch rar gewordene ausländische Zigarren vergüten.

Diese Heimlichkeit bot einen zusätzlichen Reiz: »Mir macht es Spaß, hinter den Kulissen zu stehen und zu schauen.«

Zugleich und vor allem aber bedeutete ihm die Rückkehr ins Metier des Tages-Satirikers die Rückkehr in ein Hochgefühl, das er so lange verleugnet und geringgeschätzt und seit seinen besten *Simplicissimus*-Jahren nicht mehr genossen hatte.

Er durfte sich wieder jung fühlen, so jung wie damals zu seiner Münchner Zeit, die er nun ebenfalls längst zu einer »guten alten Zeit«, zum Sehnsuchtsobjekt, zu einer zweiten verlorenen Heimat verklärt hatte.

Freilich, die eine große Illusion, als Satiriker ins Weltgeschehen eingreifen zu können, die war dahin. Er wußte: Seine Polemik konnte Aufsehen erregen. Eine Veränderung bewirken konnte sie nicht.

Warum tat er das dann?

Am ehrlichsten antwortete er Maidi, als er schrieb: »Ich glaube, ich schütze mich gegen Seelenschmerzen durch knarrende, harte Worte«. Und: »Es ist eine solche Ruhelosigkeit in mir, daß ich mich vor mir selber verstecken möchte.«

Es war die Ruhelosigkeit eines zutiefst Heimatlosen. Eines Mannes, der sich als Schriftsteller geliebt fühlen durfte und als Mensch nicht glücklich wurde. Eines Mannes, der am Ende seines Lebens bekannte: »Ich möchte die Kunst verstehen, Gedanken zu vertreiben, die so schmerzen – oder ich möchte es nicht einmal. Sonst wäre ich nie gewesen, was ich am Ende doch bin und war.«